Technique & Pratique
Collection dirigée par Emmanuel Cornet et Alexandre Hérault

Les expressions régulières

par l'exemple

Vincent Fourmond
Ancien élève de l'École Normale Supérieure
Quinze années d'expérience dans dix langages de programmation

H&K

De grands mercis à Céline Chevalier, Emmanuel Cornet, Sébastien Desreux, Aurélien Fraisse, François Gannaz, Françoise Jurion, Mickaël Profeta et Stéphane Ravier qui ont apporté leur aide précieuse à la rédaction de ce livre, notamment par leurs relectures attentives et leurs conseils avisés. De grands mercis aussi à Jean-Julien Fleck pour, entre autres, sa contribution inestimable aux étapes finales de l'élaboration. Merci enfin et surtout à Tetyana et Sophie pour m'avoir soutenu pendant toute la réalisation de ce projet.

ISBN 2 914010 65 6
Dumas-Titoulet imprimeurs – 42000 Saint-Étienne
Dépôt légal : juillet 2005
Imprimeur : 42658

68 boulevard de Port-Royal, 75005 Paris

Avant-propos

Quiconque ayant déjà écrit un code « à la main » pour extraire des numéros de téléphone, des dates ou même des nombres d'une chaîne de caractères sait que ce n'est ni facile ni intéressant. En conséquence, les programmeurs ont tendance à éviter dans la mesure du possible de tirer des données d'une chaîne de caractères, et quand ils n'ont pas le choix, ils écrivent un code réduit à sa plus simple expression. Cela génère des programmes rigides et des utilisateurs frustrés.

Pourquoi réécrire des routines qui ont déjà été écrites mille fois, alors que, en utilisant des expressions régulières, on peut obtenir toutes les informations dont on a besoin en quelques lignes de code ?

Dans cet ouvrage, nous vous proposons une prise en main rapide et efficace des expressions régulières. Nous vous montrerons notamment, à travers de nombreux exemples, comment :

- construire une expression régulière ;
- effectuer des remplacements ;
- tirer parti de la souplesse des expressions régulières dans un programme.

Les expressions régulières sont des outils indispensables dès que l'on travaille sur des chaînes de caractères contenant des informations. Au moyen d'une notation compacte et efficace, elles permettent de détecter facilement des schémas dans une chaîne et d'en extraire ce dont on a besoin. Munis de ce livre, vous pourrez rapidement vous approprier leur puissance, et oublier les vieux codes longs et difficiles à modifier pour traiter les chaînes.

Ce livre procède en deux mouvements. Dans la première partie (chapitres 1 à 3), vous apprendrez progressivement à construire des expressions régulières, au travers de nombreux exemples et de 44 exercices, tous corrigés en détail (voir page 111). Dans la seconde (chapitres 4 et 5), vous découvrirez comment exploiter les expressions régulières dans un programme. Nous vous invitons à vous référer à l'index (page 124) tout au long de votre lecture.

Nous espérons que vous aurez autant de plaisir à lire cet ouvrage que nous en avons eu à l'écrire ; nous savons qu'il vous sera utile en pratique. Vos critiques comme vos éloges nous aideront à l'améliorer encore : vous pouvez en faire part à l'éditeur, à l'adresse

`contact@H-K.fr`

Si vous rencontrez ce que vous estimez être une erreur ou une imprécision gênante dans l'ouvrage, nous vous serions reconnaissant de nous en faire part également.

Bonne lecture et bon amusement !

Vincent Fourmond

Table des matières

Annexes

Chapitre 1

Qu'est-ce qu'une expression régulière ?

Les ordinateurs n'ont pas du tout la même conception des textes que nous : pour nous, un texte est un ensemble d'idées couchées sur papier. Nous nous en servons pour transmettre des sentiments, des émotions ou, plus prosaïquement, des informations. Un ordinateur a une vision beaucoup plus pragmatique : un texte, c'est une suite de lettres ou plus exactement une suite de nombres qui représentent chacun une lettre. Il ne connaît ni langage ni signification.

Les ordinateurs ne savent pas naturellement repérer des informations dans un texte : il est souvent laborieux et rarement intéressant d'extraire des données d'une chaîne de caractères « à la main ». De plus, dès que l'on change un tant soit peu le type de données auxquelles on s'intéresse (des dates, des numéros de téléphone, des comptes bancaires, etc.), il faut récrire un nouveau code, à grand renforts de « copier/coller », de fautes de frappe et d'oublis.

À quoi bon réinventer la roue ? Les *expressions régulières* fournissent un moyen simple et particulièrement élégant de repérer des schémas dans une chaîne de caractères, en extraire des données et y apporter des modifications.

Quelques conventions

Avant de passer à un premier exemple, détaillons quelques conventions que nous avons adoptées dans ce livre.

Un texte entre `"guillemets américains"` représente une chaîne de caractères : c'est une entité qu'en tant que programmeur vous ne taperez quasiment jamais. De telles chaînes sont le substrat des expressions régulières et seront, pour la plupart, connues uniquement au moment de l'exécution du programme.

En revanche, les textes entre « `guillemets français` » représentent des éléments que vous serez amenés à utiliser directement dans vos programmes.

Beaucoup de langages incorporent des fonctionnalités plus ou moins évoluées d'expressions régulières, parfois grâce à des bibliothèques externes ; chaque langage a sa manière de les écrire et, surtout, sa manière de les utiliser. Nous avons choisi de nous appuyer sur la syntaxe de Perl, car c'est le langage par excellence des expressions régulières : c'est là qu'elles sont les plus puissantes et aussi les plus faciles à utiliser. Nous verrons de plus que la syntaxe varie très peu d'un langage à un autre ; la majorité des exemples que nous proposons est directement utilisable dans les autres langages. Dans de nombreux langages on définit d'ailleurs les expressions régulières par rapport à celles de Perl. Ce choix n'aura donc presque pas d'influence sur la conception des expressions régulières.

Nous prendrons l'habitude de noter les expressions régulières entre barres obliques, par exemple `/expression/`, pour bien les démarquer du reste du texte.

Enfin, pour lever toute ambiguïté, nous matérialiserons les espaces par le symbole ␣, aussi bien dans les expressions régulières que dans les chaînes de caractères.

Exemple : est-ce une adresse électronique ?

Entrons dès maintenant dans le vif du sujet au moyen d'un exemple complet de construction d'une expression régulière. Nous introduirons très brièvement les symboles les plus courants, mais, ne vous inquiétez pas, nous reviendrons en détail sur chacun d'eux, de façon progressive, à partir du chapitre 2.

Certains sites Internet proposent des formulaires en ligne, à remplir directement dans une page web ; il est fréquent que des utilisateurs y saisissent des données incomplètes ou inexactes suite à une erreur de manipulation ou à une faute de frappe. Pour alléger la charge des serveurs, il est donc important de savoir filtrer les informations qui y parviennent.

Supposons que vous travaillez sur un formulaire en ligne dans lequel l'utilisateur doit entrer une adresse électronique. Vous souhaitez faire rapidement le tri entre les adresses invalides, comme `"a"`, `"a@b"`, etc., et les adresses correctes, comme `"contact@h-k.fr"`. Nous allons construire pas à pas une expression régulière qui permet de vérifier si une adresse électronique est valide. Notons dès maintenant que les expressions régulières ne peuvent pas faire la différence entre une adresse réelle, comme `"contact@h-k.fr"` et une adresse inexistante mais « syntaxiquement correcte », par exemple `"bidule@biniou.edu"`. Pour cela, il faut recourir à d'autres mécanismes, comme l'envoi d'un courrier de confirmation.

Pour commencer, posons-nous la question : « À quoi ressemble une adresse électronique ? » La réponse la plus élémentaire que l'on puisse donner est : « C'est une chaîne de caractères qui contient une arobase (`@`). » On peut représenter de telles chaînes au moyen de l'expression régulière

```
/@/
```

Elle se lit : « Détecter toutes les chaînes de caractères qui contiennent un arobase. » Si l'adresse fournie par l'utilisateur ne satisfait pas à ce critère, nous pouvons le lui signaler par un message d'erreur.

Le test précédent permet de repérer les erreurs les plus grossières ; imposons maintenant qu'il y ait quelque chose avant et après l'arobase. « `.` » est un *joker* : il peut représenter n'importe quel caractère. « `+` » s'applique au caractère qui le précède et signifie « au moins une fois » (rappelons que nous reviendrons en détail sur tous ces symboles à partir du chapitre 2). On peut les assembler en « `.+` », soit « une suite quelconque d'au moins un caractère » ; nous nous en servirons pour représenter « quelque chose ». Nous pouvons alors combiner cet élément avec l'arobase pour former

`/.+@.+/`

qui représente « une chaîne d'au moins un caractère (`.+`) suivie d'un arobase, puis d'une autre chaîne d'au moins un caractère (`.+`). » Nous avons progressé : cette dernière expression règle le sort de `"a@"` et `"@bcd"` car il leur manque l'une ou l'autre des chaînes autour de l'arobase. En revanche, elle laisse encore passer `"a@a"` qui n'est manifestement pas plus correcte que les deux précédentes.

Pour affiner notre tri, remarquons que le membre de droite d'une adresse électronique se compose d'au moins deux parties séparées par un point, comme dans `"h-k.fr"`. Nous savons déjà exprimer « n'importe quelle chaîne d'au moins un caractère », grâce à « `.+` ». La première idée pour vérifier que la partie de droite est conforme serait d'employer « `.+..+` ». Mais on sait déjà que « `.` » représente non pas un point, mais n'importe quel caractère. Il faut donc « protéger » le point pour conserver sa signification d'origine en l'associant au caractère antislash : « `\.` » correspond spécifiquement au caractère « `.` ». Ce que l'on est en train de construire peut donc se représenter au moyen de « `.+\..+` ». Nous pouvons alors modifier l'expression régulière précédente en

`/.+@.+\..+/`

pour tenir compte de la forme attendue pour le membre de droite. Cette expression se lit : « N'importe quelle chaîne non vide de caractères (`.+`) suivie d'une arobase (`@`), puis de n'importe quelle chaîne (`.+`), d'un point (`\.`) et enfin d'une troisième chaîne (`.+`). »

Continuons notre progression : en réalité, on ne peut pas utiliser n'importe quel caractère autour de l'arobase. En effet, les adresses électroniques ne peuvent comporter qu'une seule arobase ; cette dernière doit donc être proscrite dans les parties de gauche et de droite. Dans ce but, nous pouvons utiliser en lieu et place des jokers (les points) la construction « `[^@]` » qui signifie « n'importe quel caractère *sauf* une arobase ». En effectuant les remplacements dans l'expression régulière précédente, nous obtenons :

`/[^@]+@[^@]+\.[^@]+/`

Elle se lit : « Une chaîne d'au moins un caractère ne comprenant pas d'arobase (« `[^@]+` ») suivie d'une arobase (« `@` »), puis d'une autre chaîne d'au moins un caractère sans arobase (« `[^@]+` »), d'un point (« `\.` ») et d'une troisième chaîne sans arobase (« `[^@]+` »). »

De même que l'expression `/@/` détecte les chaînes qui contiennent une arobase, toutes les expressions régulières que nous avons introduites jusqu'à présent permettent de vérifier que la chaîne fournie par l'utilisateur *contient* une adresse syntaxiquement valide ; s'il envoie `"a@contact@h-k.fr@b"`, l'expression se contente de détecter la partie du milieu (ici, `"contact@h-k.fr"`). Notre test laisse passer cette chaîne, ce qui n'est pas satisfaisant. Il faut s'assurer que la chaîne *entière* passe le test. On peut dans ce but utiliser « `^` » pour repérer le début d'une chaîne de caractères et « `$` » pour repérer sa fin. En les plaçant de part et d'autre de l'expression précédente, nous obtenons :

`/^[^@]+@[^@]+\.[^@]+$/`

Cette nouvelle expression permet de s'assurer que la chaîne entière correspond : le début et la fin de la chaîne à vérifier coïncident exactement avec ceux de notre expression. Elle se lit « Détecter une chaîne qui

- commence (`^`)
- par une chaîne sans arobase (`[^@]+`),
- suivie d'un arobase (`@`),
- puis d'une autre chaîne sans arobase (`[^@]+`),
- d'un point (`\.`),

- et d'une troisième chaîne sans arobase (`[^@]+`)
- allant jusqu'à la fin (`$`). »

Nous pourrions encore améliorer cette expression en prenant en compte d'autres facteurs, comme le nombre de caractères de la dernière chaîne, entre deux et quatre (`fr`, `com`, `info`, etc.), la présence éventuelle d'espaces de part et d'autre de l'adresse, de la liste exacte des caractères autorisés dans une adresse électronique, etc. Vous pourrez compléter cette expression après la lecture du chapitre 3.

Définition d'une expression régulière

La démarche précédente nous a montré ce qu'est une expression régulière : il s'agit d'un mini-programme, écrit dans un langage rudimentaire très compact, qui permet de décrire efficacement toute une série de chaînes de caractères qui se ressemblent. Elles servent à formaliser suffisamment ces ressemblances pour qu'un ordinateur puisse les reconnaître.

On parle souvent de *regexp*[1] ou *regex*, qui sont les abréviations de l'anglais *regular expression*, « expression régulière ». « Régulière » fait référence à la régularité[2] des chaînes que les expressions régulières permettent de reconnaître.

Quand utiliser des expressions régulières

Les expressions régulières apparaissent naturellement dès que l'on souhaite appliquer des traitements automatiques à du texte. On s'en sert pour :

- vérifier si celui-ci est syntaxiquement correct, comme dans le cas des adresses électroniques ;

1. Prononcer « règue-expe ».
2. La régularité est une notion mathématique de la théorie des langages. C'est de cette notion qu'il est question dans « expression régulière ».

- en extraire des informations, par exemple pour filtrer le résultat d'une commande particulièrement bavarde dont seule une partie nous intéresse ;
- effectuer des remplacements, par exemple pour « nettoyer » une chaîne issue de l'interaction avec l'utilisateur avant de la passer à une fonction qui exige qu'une syntaxe rigide soit respectée.

Nous verrons aussi qu'une bonne expression régulière ne peut pas remplacer un programme bien conçu !

À qui s'adresse ce livre ?

Ce livre s'adresse aux programmeurs qui ne connaissent pas ou peu les expressions régulières, et qui manquent d'outils pour traiter les entrées textuelles de leurs programmes.

Nous vous montrerons progressivement au cours des chapitres 2 et 3 comment exprimer des idées de plus en plus complexes en termes d'expressions régulières ; nous verrons ensuite au chapitre 4 comment les incorporer dans vos programmes et en tirer parti.

Le chapitre 4 s'appuie sur des codes en Perl. Que les lecteurs qui ne sont pas familiers avec ce langage ne s'en inquiètent pas : nous n'utiliserons pas les spécificités syntaxiques de Perl dans nos programmes. En effet, on peut écrire des codes en Perl dans une syntaxe « universelle », proche des autres langages de haut niveau. Ils seront compréhensibles par tous les programmeurs. Nous expliquerons en outre tout point de syntaxe inhabituel que nous ne pouvons pas contourner.

Les expressions régulières s'acquièrent par l'expérience ; ce n'est qu'en les manipulant que l'on comprend vraiment tout les bénéfices que l'on peut en tirer. C'est pourquoi nous nous appuierons sur maints exemples que vous pourrez réutiliser tels quels ou adapter à votre guise. Nous vous proposerons également de nombreux exercices dont la correction se trouve dans l'annexe A (page 111). Ils peuvent se résoudre de tête, et nous vous invitons à y réfléchir avant de regarder leurs solutions. Nous vous invitons aussi à consulter systématiquement ces denières même si vous pensez avoir trouvé : un détail peut vous avoir échappé. De plus, nous y présenterons souvent des prolongements qui peuvent vous intéresser.

Enfin, le chapitre 5 expose dans le détail les manières d'utiliser les expressions régulières dans dix langages différents : Perl, Python, PHP, C#, Java, JavaScript, C, C++, Emacs Lisp et les scripts shell. Un exemple complet y est traité dans les dix langages ; vous pourrez adapter ces codes pour tester les nouveaux éléments au fur et à mesure de leur découverte. Ces programmes sont en téléchargement libre sur la page

`http://www.h-k.fr/liens/tp/regexps.html`

À la fin de ce livre, vous vous demanderez comment vous avez pu vous passer des expressions régulières jusqu'à présent !

Chapitre 2

Débuter avec les expressions régulières

Nous allons découvrir dans ce chapitre le principe de base des expressions régulières : la correspondance. Nous verrons ensuite plusieurs constituants élémentaires des expressions régulières qui servent à exprimer des idées relativement simples. Certains manques se feront ressentir ; ils seront presque tous comblés dans le chapitre suivant.

2.1 La notion de correspondance

Un *outil* est un « objet fabriqué, utilisé manuellement ou sur une machine pour réaliser une opération déterminée[1]. » En s'appuyant sur cette définition, il est aisé de vérifier qu'une *pioche* est un *outil* car c'est un objet fabriqué que l'on utilise manuellement pour réaliser l'opération « creuser un trou ». On peut dire que l'objet « pioche » *correspond* à la définition d'un « outil ».

Les expressions régulières sont aux chaînes de caractères ce que les mots génériques, comme « outil », sont à la langue française : elles désignent un ensemble plus ou moins grand de chaînes en donnant leur définition. Une chaîne de caractères fait partie de cet ensemble si elle vérifie point par point chacun des critères de la définition. Dans ce cas, on dit que la chaîne *correspond*[2] à l'expression régulière. Nous avons vu dans le premier chapitre que `"contact@h-k.fr"` correspond à `/.+@.+/` parce que `"contact"` correspond à « `.+` », `"@"` à « `@` » et `"h-k.fr"` à « `.+` ».

1. Larousse, dictionnaire encyclopédique en 4 volumes, édition 1998.
2. On utilise *match* en anglais.

Nous parlerons aussi de correspondance quand le texte désigné par l'expression régulière n'est qu'une partie de la chaîne ; nous repérerons cette partie en la soulignant. Ainsi, `"contact@h-k.fr"` correspond à `/@/`.

Enfin, nous nous autoriserons à parler de correspondance dans les deux sens : on dira que l'expression régulière correspond à l'ensemble des chaînes qui lui correspondent. Ainsi,

```
/^[^@]+@[^@]+\.[^@]+$/
```

correspond aux adresses électroniques[3].

Une chaîne de caractères peut comporter plusieurs correspondances d'une expression régulière. Ainsi, dans la chaîne `"aaaa"`, on peut trouver plusieurs correspondances de `/aa/` : `"aaaa"`, mais aussi `"aaaa"` et `"aaaa"`. Dans les cas où plusieurs correspondances sont possibles, on s'intéressera exclusivement à deux situations :

- Si l'on cherche *une correspondance*, on s'intéresse à celle qui commence *le plus tôt possible* dans la chaîne. Si l'on cherche *une* correspondance de `/a/` dans `"banane"`, on trouve `"banane"`.
- En revanche, si l'on cherche *des correspondances*, on s'intéresse en fait à ce qu'on appelle les correspondances *non coïncidentes*[4], c'est-à-dire celles qui ne partagent pas de caractères entre elles. Pour les trouver, on cherche en premier la correspondance qui commence le plus tôt possible, puis celle qui commence le plus tôt possible après la fin de la première, et ainsi de suite. Si l'on cherche *des* correspondances de `/aa/` dans `"aaaa"`, on trouve `"aaaa"` et `"aaaa"` ; la correspondance `"aaaa"` ne nous intéresse pas.

Exercice 1. Que trouve-t-on quand on cherche des correspondances de `/aba/` dans `"abababa"` ?

3. Ce n'est pas tout à fait exact, puisque cette expression correspond aussi à un grand nombre de chaînes qui ne sont pas des adresses électroniques, comme `"a␣@b␣.c"`.

4. *Non overlapping* en anglais.

2.2 Les caractères usuels et le joker

Nous allons commencer notre exploration des expressions régulières par diverses manières de représenter des caractères que l'on connaît plus ou moins précisément.

Avant toute chose, remarquons que la plupart des caractères représentent uniquement eux-mêmes. C'est le cas des lettres, des chiffres et d'une grande part des signes de ponctuation. Ainsi, `/lettre/` représente exclusivement la chaîne `"lettre"`. En pratique, tous les caractères dont nous ne parlerons pas par la suite ne sont pas des « caractères spéciaux » et entrent donc dans cette catégorie.

a. Le joker : « . »

Il est très fréquent que ce que l'on recherche dans une chaîne contienne des caractères inconnus au moment de l'écriture du programme. Pour les représenter, on utilise le *joker* :

> Le joker « . » correspond à un *unique* caractère quelconque[5].

Avec le joker, on peut représenter n'importe suite de deux caractères inconnus :

```
/../
```

Celle-ci se lit : « Un caractère quelconque (« . »), puis un autre caractère quelconque (« . »). »

De même, si l'on ne se souvient plus si « suffisamment » s'écrit avec un « a » ou un « e » avant les deux « m », on peut utiliser l'expression régulière `/suffis.mment/` pour chercher dans des textes que l'on a écrit. Celle-ci signifie `"suffis"`, puis un caractère quelconque, puis `"mment"`.

5. Avec une exception notable pour les retours à la ligne, qui sont traités différemment suivant les logiciels et les options utilisés. Nous en reparlerons page 70.

À l'aide du joker, nous allons proposer une première expression pour détecter les dates de la forme `"05-12-2005"` ; nous l'affinerons au fur et à mesure de la progression de nos connaissances. Ces dates se composent de deux caractères quelconques[6] (`"05"` dans notre exemple) suivis d'un tiret (`"-"`), puis de deux autres caractères quelconques (`"12"`), d'un tiret (`"-"`), et enfin de quatre autres caractères quelconques (`"2005"`). Nous les rechercherons donc avec

```
/..-..-..../
```

Exercice 2. Quelle expression régulière peut-on utiliser pour chercher dans un dictionnaire un mot de sept lettres qui commence par un « b », finit par « re » et contient un « l » en troisième position – ce qui peut être très pratique pour « donner de l'inspiration » aux cruciverbistes ?

Dans bien des cas cependant, la signification de « `.` » est beaucoup trop vaste. En effet, l'expression donnée ci-dessus pour les dates correspond aussi à `"ça-va-pas!"` ou encore à `"␣␣-␣␣-␣␣␣␣"`, puisque « `.` » peut très bien représenter un espace. Une syntaxe différente est donc nécessaire pour préciser davantage la nature des caractères que l'on cherche.

b. Pouvez-vous préciser un peu ?

Pour mieux cibler les correspondances, on peut utiliser les constructions suivantes :

« `[0-9]` »	un chiffre
« `[a-z]` »	une minuscule
« `[A-Z]` »	une majuscule

Les éléments ci-dessus se lisent : « un caractère entre 0 et 9 », « un caractère entre a et z » et « un caractère entre

6. À l'évidence, ces caractères ne sont pas tout à fait quelconques puisque l'on sait que ce sont des chiffres. Cependant, dans l'état de nos connaissances, nous ne pouvons pas être plus précis. Nous y reviendrons bientôt.

A et Z »[7]. Ainsi, /[0-9][0-9]/ représente n'importe quel nombre à deux chiffres ; /[A-Z]c[a-z]e/ correspond à un mot – ou une partie d'un mot – qui commence par une majuscule (« [A-Z] »), suivie d'un "c", puis d'une minuscule (« [a-z] ») et enfin d'un "e", comme "Acte".

EXERCICE 3. Écrire une expression régulière qui correspond à tous les mots qui commencent par deux minuscules suivies de "re" et d'une minuscule.

Pour prendre un exemple plus développé, nous allons supposer que l'administrateur d'une machine attribue les identifiants des utilisateurs (*login*) de celle-ci selon la règle suivante : ils sont constitués des initiales de l'utilisateur (deux minuscules) suivies du mois et de l'année de sa naissance (soit quatre chiffres en tout), comme "vf1280". Un tel identifiant correspond donc à

/[a-z][a-z][0-9][0-9][0-9][0-9]/[8]

EXERCICE 4. Pouvez-vous maintenant construire une expression régulière pour les dates qui élimine les correspondances parasites du type "ça-va-pas!" ?

c. Un peu plus ?

Les expressions données ci-dessus ne sont pas gravées dans le marbre. On peut les combiner entre elles et utiliser des bornes plus restreintes.

« [A-Za-z] »	une majuscule ou une minuscule
« [f-h] »	f, g ou h

7. Notons que ces définitions sont assez floues, notamment en ce qui concerne les lettres accentuées. Nous en reparlerons page 41.

8. Il faut remarquer que certaines chaînes comme "vf9999" correspondent aussi à cette expression régulière mais ne peuvent pas être des identifiants.

L'expression suivante représente donc les nombres compris entre 10 et 49 :

`/[1-4][0-9]/`

Elle se lit : « Un chiffre compris entre 1 et 4, suivi d'un chiffre compris entre 0 et 9. »

De même, sur la machine dont nous avons parlé plus haut, les utilisateurs nés entre 1960 et 1989 ont un identifiant qui correspond à

`/[a-z][a-z][0-1][0-9][6-8][0-9]/`

Le chiffre des dizaines des années est représenté par « `[6-8]` » car il est compris entre 6 et 8. Par ailleurs, nous avons restreint à « `[0-1]` » le chiffre des dizaines du mois car il est bien entendu compris entre 0 et 1[9].

EXERCICE 5. À quoi correspond `/[A-Fa-f0-9]/` ?

Il est important de ne pas confondre « `[A-Z][a-z]` » et « `[A-Za-z]` » ; « `[A-Z][a-z]` » correspond à *deux* caractères, une majuscule suivie d'une minuscule. « `[A-Za-z]` », en revanche, correspond à un *unique* caractère qui est soit une majuscule, soit une minuscule.

d. Un point, pas n'importe quoi !

Nous avons vu que « `.` » est un joker qui représente n'importe quel caractère. Comment faire alors pour rechercher spécifiquement un point ? Plus généralement, comment faire pour éviter que l'ordinateur n'interprète un caractère spécial ?

> Pour utiliser un caractère spécial en tant que tel, il faut le faire précéder d'un antislash[10] : « \ ».

9. Comme la précédente expression, celle-ci ne nous assure pas que toutes ses correspondances sont des identifiants valides : en effet, `"tt1678"` correspond, alors que `"16"` n'est pas un numéro de mois valide.

Ce procédé s'appelle l'*échappement*[11] et « \ » est le *caractère d'échappement*. On peut donc chercher spécifiquement un point en utilisant `/\./`. On dit que l'on « échappe » le point, ou encore qu'on le protège. Un nombre réel en notation anglaise[12] comportant un chiffre avant le point et un autre après, comme `"3.4"`, correspond à

`/[0-9]\.[0-9]/`

En utilisant l'échappement, on peut également représenter de manière naïve la transition entre deux phrases :

`/\.␣[A-Z]/`

La phrase précédente se termine par un point (« `\.` »), puis vient un espace (« ␣ »), et on débute la phrase suivante par une majuscule (« `[A-Z]` »). Cependant, cette expression ne s'applique pas aux phrases interrogatives ou exclamatives ; de plus, rien n'interdit d'autres types d'espaces[13], et on ne tient pas compte non plus d'un possible retour à la ligne entre les deux phrases. Cette expression est donc trop restrictive ; nous verrons plus loin comment l'améliorer.

Exercice 6. Proposer une expression régulière qui correspond aux dates du type `"14.04.2005"`, en y introduisant les restrictions que vous savez écrire sur les nombres pour les jours et les mois .

Notons que dans Perl, on doit faire précéder tout « slash » (`/`) d'un caractère d'échappement car c'est le délimiteur des expressions régulières ; l'échappement est requis pour éviter que Perl n'arrête prématurément de lire l'expression en cours. Cela s'applique également aux délimiteurs des autres langages, qui peuvent être différents. Nous suivrons la convention de Perl, et échapperons systématiquement les barres obliques.

10. On le prononce aussi *backslash* à l'américaine.
11. *Escape* en anglais.
12. Dans lequel le séparateur décimal est un point.
13. Comme les espaces insécables et les tabulations.

2.3 `Fromage|Dessert` ?

On a souvent besoin d'exprimer un choix entre plusieurs possibilités dans une expression régulière. On peut utiliser la barre verticale[14] (« `|` ») dans ce but :

`/fromage|dessert|choucroute/` correspond à `"fromage"` *ou*[15] `"dessert"` *ou* `"choucroute"`.

Nous appellerons ces constructions des *alternances*[16]. Il n'y a pas de limitation au nombre d'alternances possibles, si ce n'est le courage du programmeur. Un programme de gestion des commandes dans un restaurant pourrait donc utiliser une expression du type

```
/crème brûlée|crème au caramel|sorbet citron/
```

pour vérifier si le dessert commandé est bien dans le menu.

De même, si l'on a besoin de chercher les nombres à un, deux ou trois chiffres dans une chaîne, on peut employer

```
/[0-9]|[0-9][0-9]|[0-9][0-9][0-9]/
```

Cette expression se lit : « Un chiffre (« `[0-9]` »), ou deux (« `|[0-9][0-9]` »), ou trois (« `|[0-9][0-9][0-9]` »). »

EXERCICE 7. Écrire une expression régulière qui reconnaît les nombres réels de la forme `"1.2"`, `"3."` ou `".4"` dans lesquels il n'y a pas plus d'un chiffre de part et d'autre du point.

Ces alternances s'étendent sur l'*expression régulière dans son entier*. Nous allons voir tout de suite comment restreindre cette portée.

---

14. La barre verticale est utilisée dans beaucoup de langages pour représenter l'opération logique OU.

15. Notez que `/fromage|dessert/` correspond à `"fromage"` *et* correspond *aussi* à `"dessert"`, mais dans la pratique, la correspondance trouvée sera `"fromage"` *ou* `"dessert"`.

16. Ce terme est dérivé de l'anglais *alternation*.

2.4 Jean-(Paul|Julien) : le groupage

Dans de nombreux cas, des alternances possèdent un élément commun. C'est le cas pour les desserts, si notre restaurant se spécialise dans les crèmes. Au lieu d'écrire

`/crème brûlée|crème au caramel|crème au chocolat/`

on aimerait bien *factoriser* « `crème␣` » pour éviter de le répéter à chaque fois. De même qu'en mathématiques, on peut utiliser les parenthèses dans ce but :

« `a(b|c|d)e` »	`"abe"`, `"ace"` ou `"ade"`.

On peut donc réduire l'expression à

`/crème␣(brûlée|au caramel|au chocolat)/`

Pareillement, on représente toute une série de prénoms composés commençant par Jean au moyen de

`/Jean-(Julien|Claude|Luc|Pierre|Paul)/`

Exercice 8. Écrire une expression régulière qui correspond à toutes les conjugaisons du verbe « arriver » au présent de l'indicatif.

Rien n'empêche l'une de ces alternances d'être vide. Ainsi, si l'on veut représenter les prénoms Jean-Julien, Jean-Pierre et Jean en une seule expression régulière, on peut utiliser

`/Jean(-Julien|-Pierre|)/`

où la dernière alternance est vide et correspond donc à une chaîne vide.

Exercice 9. À quoi correspond `/créé(|e|es|s)/` ?

Nous pouvons désormais écrire une expression plus compacte que celle vue plus haut pour représenter les nombres à un, deux ou trois chiffres :

`/[0-9](|[0-9]|[0-9][0-9])/`

Cette expression se lit : « Un chiffre (« `[0-9]` ») suivi soit de rien « `(|` », soit d'un chiffre (« `[0-9]|` ») , soit de deux (« `[0-9][0-9])` »). »

On peut également imbriquer plusieurs alternances. Avec cette possibilité, apportons une touche finale à la « factorisation » des crèmes desserts : on remarque que deux des alternances commencent par "`au␣`", on peut donc condenser « `au␣caramel|au␣chocolat` » en l'écrivant directement « `au␣(caramel|chocolat)` », ce qui permet de mettre l'expression régulière sous la forme finale :

`/crème␣(brûlée|au␣(caramel|chocolat))/`

On peut appliquer la même méthode pour les nombres à un, deux ou trois chiffres :

`/[0-9](|[0-9](|[0-9]))/`

Celle-ci se lit « Un chiffre suivi soit par rien, soit par un chiffre, lui-même suivi soit par rien, soit par un chiffre. »

Exercice 10. Proposez une expression régulière qui correspond à une chaîne contenant au plus quatre caractères et commençant par une majuscule.

On pourrait généraliser cette méthode pour représenter un nombre variable de caractères. Par exemple, une chaîne comprenant entre 1 et 6 caractères correspond à l'expression régulière

`/.(|.(|.(|.(|.(|.)))))/`

Cependant, cette construction est très lourde et impraticable pour les grands nombres[17]. Il faut donc une méthode plus compacte pour répéter des éléments d'une expression régulière.

17. Accessoirement, utilisée dans cette optique, elle est aussi beaucoup plus gourmande en ressources que la construction dédiée présentée dans la section suivante.

2.5 Zéro, un, beaucoup

Les *quantificateurs* ont été créés pour faciliter la reconnaissance d'éléments dont on ne connaît pas la longueur. Ce sont des petites constructions, d'un caractère seulement pour les plus courants[18], qui se placent immédiatement après l'élément que l'on veut répéter.

a. « + » : au moins une fois

« + » répète l'élément qui le précède au moins une fois.

Ainsi, `/ab+c/` correspond à `"abc"`, `"abbc"`, `"abbbbbbbc"` etc. ; le quantificateur « + » nous autorise à ne pas connaître le nombre exact de `"b"` attendus dans les correspondances : on sait seulement qu'il y en a au moins un. On peut de même représenter n'importe quelle chaîne de caractères non vide[19] au moyen de `/.+/` ; cette expression signifie simplement que l'on attend une ou plusieurs correspondances de « . », soit une suite de caractères quelconques non vide. On peut composer cet élément avec d'autres :

`/a.+b/`

correspond à toutes les chaînes contenant un `"a"` suivi d'un `"b"` à une distance d'au moins un caractère.

Exercice 11. Proposer une expression régulière qui détecte les chaînes contenant `"Linux"` et `"Windows"`, dans cet ordre.

b. Quels éléments au juste ?

Dans la plupart des cas, un quantificateur s'applique au *caractère* qui le précède immédiatement. Il y a cependant trois exceptions :

- si le quantificateur suit un groupe entre parenthèses, il s'applique alors à tout le groupe : `/(ab)+/` correspond à plusieurs fois `"ab"` ;

18. Nous en verrons d'autres plus complexes dans le chapitre 3.
19. De nouveau, les retours à la ligne sont particuliers (voir page 70).

- si le quantificateur suit un élément placé entre crochets, il s'applique à tout l'élément : `/[a-z]+/` représente une suite de lettres minuscules de longueur quelconque ;
- si le quantificateur suit un caractère précédé du caractère d'échappement, c'est cet élément en entier qui est répété : `/\.+/` correspond à un nombre quelconque de points.

Les quantificateurs offrent réellement toute leur puissance quand on les utilise avec ces éléments. Ainsi, l'expression

```
/[0-9]+\/[0-9]+/
```

représente toutes les chaînes qui contiennent deux nombres séparés par une barre oblique, comme `"1/2"` ou `"311/99"`[20].

Exercice 12. Comment peut-on représenter des mots composés, comme `"porte-clefs"` (ne cherchez pas à prendre en compte les accents) ?

De même, `/(la)+/` correspond à `"la"`, `"lala"`, `"lalala"`, etc. En revanche, si l'on omet les parenthèses comme dans `/la+/`, le « `+` » ne s'applique plus qu'au « `a` » qui le précède. Les correspondances sont donc de la forme `"la"`, `"laaaaa"`, etc.

Utilisons cette construction pour représenter des additions de nombres entiers, comme `"3+14+1+59"`. Celles-ci sont composées d'un certain nombre de blocs « des chiffres, un `"+"` » et se terminent par des chiffres. On peut utiliser « `[0-9]+\+` » pour figurer l'un de ces blocs ; notons qu'il faut échapper le deuxième « `+` » pour lui faire perdre son rôle de quantificateur. Il suffit ensuite de placer ce bloc entre des parenthèses et d'accoler à la parenthèse fermante le quantificateur « `+` ». En terminant par le nombre final, on obtient

```
/([0-9]+\+)+[0-9]+/
```

20. Il s'agit de la meilleure approximation rationnelle de π quand le dénominateur est inférieur à 100.

Exercice 13. On passe souvent aux modules de Perl des paramètres de la forme "qw(debug bundle)", où le "qw" est requis et le texte entre les parenthèses est constitué de plusieurs mots en minuscules séparés par des espaces[21]. Sauriez-vous les représenter ?

c. Combien exactement ?

Dans certains cas, il peut y avoir plusieurs possibilités pour le nombre exact de répétitions que contiennent les correspondances. En effet, si l'on cherche une correspondance de /<.+>/ dans "<b>avide</b>", obtient-on "<b>avide</b>" ou bien "<b>avide</b>" ? La réponse est la deuxième. On dit que les quantificateurs sont *avides*[22].

> Les correspondances d'un élément suivi d'un quantificateur sont les plus grandes possibles sans gêner le reste de l'expression régulière.

Pour illustrer ce principe, cherchons une correspondance de /.+a/ dans "Je mangerai". Le « .+ » englobe le plus de texte possible sans pour autant empêcher le reste de l'expression régulière, « a », de trouver une correspondance. Ainsi, on obtient "Je mangerai".

Exercice 14. Quelqu'un utilise /\(.+\)/[23] pour chercher les passages entre parenthèses dans un texte. Parfois, cela ne donne pas le résultat escompté. Pouvez-vous expliquer quand et pourquoi ?

Que se passe-t-il quand deux quantificateurs sont en compétition dans une même expression régulière ? Comment se partagent les correspondances des éléments quantifiés de l'expression /.+a.+m/ dans la chaîne "Je mangerai demain" ?

21. Ce n'est bien sûr pas systématiquement le cas, mais nous allons le supposer au moins dans le cadre de cet exercice.

22. On trouve aussi « gourmand ». En anglais, le terme consacré est *greedy*.

23. Notons au passage que, puisque les parenthèses sont des caractères spéciaux, il faut les faire précéder d'un caractère d'échappement.

> Quand plusieurs quantificateurs sont en compétition dans une expression, on donne le plus possible à celui le plus à gauche, puis on passe au suivant et ainsi de suite.

Dans l'exemple ci-dessus le groupe « `.+a` » correspond à `"Je mangerai demain"` et non à `"Je mangerai demain"`. On ne peut pas étendre la correspondance plus loin, sans quoi la suite ne peut plus trouver de correspondances (il ne reste plus de `"m"`). Le groupe « `.+m` » se contente donc de `"Je mangerai demain"`.

EXERCICE 15. Effectuer la même analyse pour une recherche de `/.+[0-9]+.+/` dans `"Je viendrai à 15 heures"`.

Dans la plupart des cas, ce comportement est souhaitable. Pour les autres, nous découvrirons dans le chapitre suivant plusieurs manières de limiter les correspondances d'un élément quantifié.

d. « ? » : au plus une fois

Le quantificateur « `?` » est le complémentaire de « `+` » :

> « `?` » signifie « l'élément qui me précède peut apparaître zéro ou une fois ».

On s'en sert pour tous les éléments optionnels, qui peuvent être absents des correspondances. Par exemple, `/e?mail/` correspond à la fois à `"mail"` et à `"email"`.

Nous sommes désormais en mesure de construire une expression régulière qui correspond aux entiers relatifs (ce sont des nombres entiers éventuellement précédés d'un signe « `+` » ou « `-` »). Nous savons déjà représenter un nombre entier au moyen de « `[0-9]+` » ; le signe peut se traduire par « `(\+|-)` ». Il suffit de faire suivre cet élément par « `?` » pour indiquer qu'il est optionnel. Nous obtenons alors

```
/(\+|-)?[0-9]+/
```

Le fait que les quantificateurs sont avides nous assure que tous les chiffres du nombre sont bien inclus dans la correspondance : le groupe « `[0-9]+` » prend le plus possible. De plus, si le signe est présent il est inclus dans la correspondance.

EXERCICE 16. Quelle expression régulière peut-on utiliser pour trouver "`mail`", "`e-mail`" et "`email`", au singulier et au pluriel ?

e. « * » : zéro ou plus

« `*` » est la combinaison des deux quantificateurs précédents :

> « `*` » signifie « n'importe quel nombre de fois, *y compris zéro* ».

À l'aide de ce quantificateur, modifions l'expression donnée ci-dessus pour les entiers relatifs, afin d'inclure les cas où un ou plusieurs espaces séparent le signe du premier chiffre. Il suffit pour cela d'ajouter « `␣*` », ce qui donne :

```
/(\+|-)?␣*[0-9]+/
```

EXERCICE 17. En assembleur[24], les nombres hexadécimaux doivent commencer par un chiffre pour éviter de les confondre avec un nom de variable, et doivent se terminer par un "`h`". Par exemple, le nombre hexadécimal EF (239 en décimal) s'écrit avec un "`0`" au début : "`0EFh`". Proposer une expression régulière qui correspond à ces nombres.

Il ne faut pas confondre les quantificateurs « `*` » et « `+` » : le cas où il n'y a aucune correspondance de l'élément quantifié est très important. Par exemple,

```
/[0-9](choucroute)*[0-9]/
```

correspond à "<u>12</u>", bien que ce ne soit pas flagrant.

24. Langage très proche du code machine compris par le processeur.

2.6 Le début et la fin

Nous avons vu que les correspondances d'une expression régulière peuvent être plus courtes que la chaîne dans laquelle on effectue la recherche. Si l'on cherche une correspondance de `/[0-9]+/` dans `"Lundi 21 mars"`, on trouve seulement `"21"`. Suivant les cas, il peut être souhaitable de s'assurer que les correspondances s'étendent bien à la chaîne en entier, ou alors qu'elles sont positionnées au début ou à la fin de la chaîne. Dans ce but, on peut utiliser « $ » et « ^ » :

« ^ »	début de la chaîne
« $ »	fin de la chaîne

Si vous voulez extraire les adresses de tous les destinataires du texte brut d'un message électronique que vous analysez ligne par ligne, vous pouvez utiliser l'expression régulière

```
/^(To|Cc):/
```

pour repérer celles qui vous intéressent. En effet, elle détecte toutes les chaînes – ici les lignes du message – qui commencent (« ^ ») par `"To:"` ou `"Cc:"`. Il ne reste plus qu'à extraire la fin de la ligne pour obtenir une adresse (en supposant qu'il existe un unique destinataire).

Exercice 18. Comment s'assurer que le premier caractère d'une chaîne autre qu'un espace est un chiffre ?

De même, on peut utiliser `/\.$/` pour s'assurer qu'une chaîne finit par un point.

On utilise souvent ces deux éléments combinés : la correspondance doit alors s'effectuer sur la chaîne en entier. Ainsi, on est sûr qu'une chaîne est la représentation d'un entier naturel si elle correspond à

```
/^[0-9]+$/
```

Nous avons déjà utilisé cette construction dans l'introduction pour nous assurer que la chaîne entière était une adresse électronique valide, et pas seulement l'une de ses parties.

EXERCICE 19. Comment vérifier qu'une chaîne ne contient que des espaces ?

Récapitulons !

Notre première approche des expressions régulières touche à sa fin. Nous vous conseillons maintenant de parcourir la partie qui porte sur votre langage de programmation au chapitre 5 et de commencer à vous exercer sur quelques exemples.

Pour vous faciliter la tâche, nous avons rassemblé dans un tableau tous les points de syntaxe que nous avons abordés dans ce chapitre.

Syntaxe	Description	Page
	Un caractère	
`.`	Joker	19
`[0-9]`	Un chiffre	20
`[a-z]`	Une minuscule	20
`[A-Z]`	Une majuscule	20
`[3-7]`	Entre 3 et 7	21
`[A-Za-z]`	Majuscule ou minuscule	21
	Échappement	
`\`	Caractère d'échappement	22
	Alternances	
`A|B`	A ou B	24
`(A|B)`	A ou B, groupé	25
	Quantificateurs	
`+`	Au moins une fois	27
`?`	Au plus une fois	30
`*`	Zéro ou plus	31
`(AB)+`	AB plusieurs fois	27
	Début et fin	
`^`	Début de la chaîne	32
`$`	Fin de la chaîne	32

Chapitre 3

Enrichir ses expressions régulières

Nous verrons dans ce chapitre des éléments pour mieux cibler les correspondances de nos expressions régulières. Ainsi, à l'issue de ce chapitre, vous saurez tout sur la conception des expressions régulières, à l'exception de quelques constructions spécifiques que nous verrons dans le chapitre suivant.

3.1 Remplacements

Nous nous sommes limités dans le chapitre précédent à observer des chaînes de caractères et à y chercher des correspondances. Nous allons aussi dans ce chapitre apprendre à les modifier, à l'aide de la fonction de remplacement :

> `s/a/b/` remplace la première correspondance de `/a/` dans une chaîne par `"b"`[1].

`s/chat/chien/` permet donc de remplacer par `"chien"` la *première* occurrence de `"chat"` dans une chaîne. Si nous l'appliquons à `"Le chat vient, le chat s'en va"`, nous obtenons `"Le chien vient, le chat s'en va"`.

Exercice 20. Quelle transformation a-t-on effectué pour changer `"65535"` en `"65536"` (plusieurs possibilités) ?

Dans la plupart des cas, il est beaucoup plus utile de remplacer toutes les correspondances non coïncidentes[2] d'une expression régulière dans une chaîne. On peut le faire en une seule opération à l'aide du modificateur `g`.

1. Le `s` initial est un raccourci pour « substitution ».
2. Ce sont toutes les correspondances disjointes d'une chaîne (p. 18).

`s/a/b/g`[3] permet de remplacer toutes les correspondances non coïncidentes de `/a/` dans une chaîne par `"b"`.

Appliquons maintenant `s/chat/chien/g` à la chaîne précédente. Nous obtenons `"Le chien vient, le chien s'en va"` : toutes les occurrences de `"chat"` ont été remplacées par `"chien"`.

Nous allons nous servir de cette construction pour éliminer tous les espaces superflus d'une chaîne de caractères. Nous entendons ici par « espaces superflus » tous les espaces après le premier quand plusieurs se suivent. Pour les repérer dans une chaîne, on peut utiliser

`/␣␣+/`

qui détecte tous les endroits où il y en a au moins deux[4] : le premier est nécessaire, les suivants inutiles. Pour éliminer spécifiquement les espaces superflus, il suffit de remplacer chacune de ces correspondances par un espace unique ; ceci s'écrit

`s/␣␣+/␣/g`

Notons que, dans ce cas, on aurait très bien pu utiliser la construction `s/␣+/␣/g`, qui remplace toutes les suites d'espaces par un espace unique ; on remplace alors dans bien des cas `"␣"` par `"␣"`, mais la diminution de performance que cela engendre n'est pas perceptible.

EXERCICE 21. Écrire une construction qui remplace tous les nombres d'une chaîne par `"Nombre"`.

Il est important de remarquer que, si le premier membre des constructions du type `s/a/b/g` est une véritable expres-

---

3. Le `g` signifie « globalement ».

4. L'avidité du quantificateur « `+` » nous assure que la correspondance est la plus grande possible : tous les espaces qui se suivent sont inclus, aucun n'est laissé de côté.

sion régulière, le second, en revanche, n'est qu'une chaîne de caractères[5]. Ainsi, l'opération

`s/[0-9]/[0-9]/g`

remplace tous les chiffres `/[0-9]/` d'une chaîne par la chaîne `"[0-9]"`. Si on l'applique à `"37"`, on obtient `"[0-9][0-9]"`.

Le second membre peut très bien être vide. Dans ce cas, la construction supprime purement et simplement les correspondances trouvées : `s/␣//g` supprime donc tous les espaces d'une chaîne.

Exercice 22. Écrire une construction qui supprime toutes les majuscules d'une chaîne.

Nous verrons dans ce chapitre et dans les suivants de nombreux exemples d'utilisation des remplacements, ainsi que quelques constructions qui leur sont spécifiques.

3.2 B[ée]r[ae]ng[èe]re

Nous avons déjà vu, pour les nombres entiers relatifs, comment exprimer un choix entre deux caractères, un plus « `+` » ou un moins « `-` ». Nous l'avons alors écrit « `(\+|-)` ». Si cette construction fonctionne, elle n'est ni élégante ni pratique dès qu'il y a plus de quelques caractères. Il est alors préférable d'utiliser la construction suivante :

« `[cgz]` »	l'un des *caractères* `"c"`, `"g"` ou `"z"`

On donne le nom de *classes de caractères* à toutes les constructions entres crochets, car elles permettent de représenter un *unique* caractère choisi dans une classe bien définie.

`/Bér[ae]ngère/` correspond donc aux deux écritures du prénom : `"Bérangère"` ou `"Bérengère"`. De plus, pour tenir compte de l'absence éventuelle des accents, on peut remplacer

5. Cependant, nous pourrons y trouver des séquences avec une signification spéciale. Nous y reviendrons page 52.

« `é` » par « `[eé]` » (soit « `e` » ou « `é` ») et « `è` » par « `[eè]` ». On obtient alors :

`/B[ée]r[ae]ng[èe]re/`

Exercice 23. À quoi peut servir `s/[êéèë]/e/g` ?

On peut bien sûr appliquer des quantificateurs à cette construction. Nous allons utiliser cette possibilité pour représenter des séquences d'ADN[6]. Ce sont des suites de lettres choisies parmi A, C, G et T qui décrivent la composition de molécules d'ADN. Il suffit d'employer la classe de caractères « `[ACGT]` » munie du quantificateur « `+` » :

`/[ACGT]+/`

Exercice 24. Proposer une expression qui détecte les chaînes représentant des nombres impairs.

Mais, si « `[agy]` » est équivalent à « `(a|g|y)` », pourquoi préférer l'un à l'autre ? Il y a plusieurs raisons :

- « `[agy]` » est plus compact que « `(a|g|y)` » ;
- « `[agy]` » est beaucoup moins gourmand en ressources et en temps d'exécution que « `(a|g|y)` » : les classes de caractères sont optimisées pour travailler avec des caractères uniques, alors que les alternances sont beaucoup plus générales[7].

En plus de ces deux raisons, nous allons voir trois autres propriétés des classes de caractères qui les rendent particulièrement intéressantes.

a. Caractères spéciaux et classes de caractères

La plupart des caractères spéciaux perdent leur signification au sein d'une classe de caractères ; seuls le caractère d'échappement et le délimiteur de l'expression régulière

6. L'ADN est un longue molécule qui forme le support de l'information génétique des cellules.

7. Rappelez-vous de `/Jean(-Julien|-Pierre|)./`

(« / » dans Perl) la conservent. Les autres caractères spéciaux, comme « * », « (» ou « + », peuvent donc être utilisés tels quels. De plus, on y compte trois nouveaux caractères spéciaux : « - », « ^ » et «] » qui marque la fin de la classe[8]. « [.] » est une alternative à « \. » pour représenter un point.

Nous pouvons transformer l'expression /\.␣[A-Z]/ que nous avons écrite page 23 de manière à étendre son action aux phrases interrogatives et exclamatives :

/[.?!]␣[A-Z]/

Nous n'avons besoin de protéger ni « . » ni « ? » puisqu'ils sont à l'intérieur d'une classe de caractères.

Qu'en est-il des caractères qui ont une signification dans une classe de caractère ? Voici quelques règles relativement courantes qui permettent de les représenter :

- « ^ » n'est spécial que s'il suit immédiatement le crochet ouvrant de la classe (le « [», voir page 41). Il perd sa signification ailleurs : « [a^] » correspond donc à "a" ou à "^".
- Le crochet fermant «] » peut être utilisé tel quel s'il suit immédiatement le crochet ouvrant – ou le « ^ » qui le suit le cas échéant. « []] » correspond donc à "]".
- « - » n'est pas spécial (voir section suivante) s'il est le dernier ou le premier caractère de la classe (éventuellement après « ^ »). On peut donc utiliser « [+-] » pour représenter un "+" ou "-".
- Dans la plupart des langages, le caractère d'échappement garde sa signification dans une classe de caractères : on peut l'utiliser pour protéger « ^ », « - » ou «] ». C'est d'ailleurs la seule manière d'y inclure le caractère qui délimite l'expression régulière. Ainsi, avec Perl, il faut utiliser /[.\/]/ si l'on cherche "." ou "/".

8. Ce n'est pas tout à fait vrai ; nous verrons page 72 que dans certains cas particuliers, « [» peut introduire des constructions spéciales. En pratique, vous n'écrirez jamais une telle construction par accident.

Ces règles sont valables dans Perl et utilisables dans la majorité des langages. Dans le doute, faites des essais sur des cas simples.

Exercice 25. Écrire une expression régulière pour les dates de la forme « `12/05/2005` » qui accepte « `/` », « `.` » ou « `-` » comme séparateurs[9].

b. Et `a-z` ?

Une des raisons les plus importantes pour préférer les classes de caractères est que l'on peut mêler des étendues de caractères comme `a-z` aux caractères simples :

« `[b-dP4-7]` » correspond à `"b"`, `"c"`, `"d"`, `"P"`, `"4"`, `"5"`, `"6"` ou `"7"`.

Dans la plupart des langages, un identificateur (nom de variable ou de fonction) est composé exclusivement de lettres (majuscules ou minuscules), de chiffres et du caractère souligné « `_` »[10]. Ces noms correspondent donc à l'expression :

```
/[0-9A-Za-z_]+/
```

Celle-ci se lit « Un ou plusieurs caractères choisis parmi les chiffres, les lettres majuscules ou minuscules, et « `_` ». »

Exercice 26. En fait, cette expression n'est pas encore optimale : pour éviter de les confondre avec des nombres, les identificateurs ne peuvent pas commencer par des chiffres. Pouvez-vous récrire l'expression en en tenant compte ?

L'ordre des éléments à l'intérieur d'une classe de caractères n'a aucune importance : les éléments « `[1b-d7P-S]` », « `[17P-Sb-d]` » et « `[P-S17b-d]` » sont totalement équivalents[11].

9. Pour alléger l'écriture, on pourra utiliser le quantificateur « `+` » pour les nombres, même si cela résulte en une perte de spécificité. Nous verrons page 46 comment y remédier.

10. Ce n'est pas le cas du Lisp Emacs, mais c'est le cas de tous les autres langages que nous présentons dans ce livre.

11. Attention toutefois à ne pas changer « `b-d` » en « `d-b` ».

Notons que les constructions du type « `[a-z]` » reposent implicitement sur un classement des caractères ; il s'agit généralement de celui du code ASCII, si bien que les caractères accentués ainsi que ceux d'autres alphabets, comme le cyrillique ou le grec, sont exclus des correspondances. Nous reviendrons plus en détail sur ce point page 71. De plus, pour éviter des mauvaises surprises en changeant de plate-forme, il est préférable de limiter ces constructions aux chiffres et aux lettres, et d'éviter celles qui mêlent une majuscule et une minuscule, comme « `[A-z]` » : elles peuvent en pratique inclure un certain nombre de caractères indésirables[12]. Il est préférable d'utiliser « `[A-Za-z]` » à la place ou, encore mieux, l'une des constructions dont nous parlerons page 71.

Nous connaissons maintenant différentes manières d'exprimer un choix entre plusieurs caractères ; cependant, il nous manque une manière simple d'exprimer « tout ce qui n'est pas un espace ». On pourrait sûrement dresser la liste de tous les caractères qui ne sont pas des espaces et les inclure dans une classe de caractères ; cependant, les oublis seraient légions et cette solution manquerait d'élégance.

3.3 *La Disparition* : `[^e]`

Pour exprimer « n'importe quoi sauf ce caractère particulier », on peut utiliser des classes de caractères négatives :

> « `[^f-h2]` » correspond à n'importe quel caractère unique *sauf* `"f"`, `"g"`, `"h"` ou `"2"`.

La Disparition est un livre de Georges Perec qui présente la particularité pour le moins singulière d'être écrit sans la moindre lettre « `e` »[13]. Le livre correspond donc à `/^[^e]+$/` ou plutôt à `/^[^eëêéèEËÊÉÈ]+$/` pour exclure aussi tous les « `e` » accentués, majuscules et minuscules.

---

12. Dans un langage qui se base sur l'ordre du code ASCII, cette étendue de caractères comprend aussi `"["`, `"]"`, `"\"`, `"^"`, `"_"` et `` "`" ``.

13. Pour corser le tout, son sujet est justement la lettre « `e` »...

Nous avons déjà utilisé, dans l'introduction, une construction de ce type, « `[^@]` », pour nous assurer que les correspondances de l'expression pour les adresses électroniques ne contenaient pas plus d'une arobase.

Exercice 27. Comment s'assurer qu'une chaîne est constituée exclusivement de chiffres ?

Une des principales utilisations des classes de caractères négatives est d'éviter que des éléments quantifiés aient des correspondances trop étendues. Nous avons vu page 29 que, si l'on utilise `/\(.*\)/` pour rechercher des textes entre parenthèses, il est fréquent d'obtenir des correspondances qui englobent plusieurs parenthèses, comme `"(1) texte (2) texte"`, où la correspondance s'étend de la première parenthèse ouvrante à la dernière parenthèse fermante.

Pour éviter ceci, on peut remarquer que le texte compris entre les parenthèses n'est pas tout à fait quelconque : il ne peut pas comporter de parenthèses fermantes, si l'on exclut le cas de parenthèses imbriquées[14]. Pour limiter les correspondances, il suffit de remplacer le point par « `[^)]` »[15] ; on obtient alors

```
/\([^)]+\)/
```

Exercice 28. Peut-on modifier l'expression ci-dessus pour s'assurer qu'il n'y a pas de parenthèses imbriquées, comme dans `"(1 (2)1)"`, dans les correspondances ?

Ce principe n'est pas seulement utilisable dans le cas de paires (parenthèses, accolades, balises HTML, etc.), mais plus généralement dans tous les cas où l'on souhaite repérer une chaîne de caractères qui peut contenir n'importe quoi, sauf l'un des caractères qui en marquent la fin.

---

14. Le problème des parenthèses imbriquées est complexe et généralement difficile à traiter avec des expressions régulières. Nous y reviendrons dans les méthodes de programmation, page 69.

15. Notons qu'il n'y a pas besoin d'échapper la parenthèse, puisqu'elle est dans une classe de caractères.

On peut représenter une phrase en la définissant ainsi : c'est un ensemble de caractères allant d'une majuscule au premier point (ou point d'exclamation ou d'interrogation) rencontré[16]. Ceci s'écrit simplement

`/[A-Z][^.?!]*[.?!]/`

EXERCICE 29. Comment repérer une balise HTML, comme `"<li>"` ou `"</tt>"`, en évitant que les correspondances ne comprennent aussi le texte entre deux balises ?

Cette technique permet dans bien des cas de restreindre suffisamment les correspondances sans perdre en généralité. Pour les autres cas, nous verrons une seconde manière de limiter les correspondances page 49.

3.4 Des raccourcis bien pratiques

La plupart des implémentations fournissent des raccourcis pour les classes de caractères les plus utilisées :

`/\d/`	un chiffre
`/\s/`	un espace quelconque[17]
`/\w/`	un caractère alphanumérique ou `"_"`

Un entier naturel quelconque correspond ainsi à `/\d+/`, un ou plusieurs espaces d'affilée à `/\s+/`. On peut aussi abréger l'expression régulière que nous avons donnée page 40 pour les identificateurs en `/\w+/`.

16. Cette définition est assez réductrice, car elle exclut les phrases contenant des abréviations, suivies d'un point, et les cas où l'on a de véritables phrases entre parenthèses. C'est cependant la définition la plus évoluée que l'on peut donner sans compliquer à outrance.

17. Ceci inclut d'autres espaces que `"␣"`, comme les tabulations, etc. La liste exacte est plutôt floue et varie suivant les langages et les plateformes.

Munis de ces raccourcis, nous pouvons maintenant proposer une forme plus compacte et plus générale pour les entiers relatifs :

`/[+-]?\s*\d+/`

Elle est plus générale car « `\s*` » correspond à toutes sortes d'espaces, et pas seulement à l'espace blanc usuel ␣.

EXERCICE 30. Proposer une expression régulière qui correspond aux nombres réels de la forme `"314.1592"`.

Des raccourcis pour les complémentaires de ces classes sont aussi disponibles :

`/\D/`	*tout sauf* un chiffre
`/\S/`	*tout sauf* un espace
`/\W/`	*tout sauf* un caractère alphanumérique ou `"_"`

À l'aide de ces nouveaux raccourcis, on peut écrire une expression qui correspond à un ensemble de caractères séparés par des espaces :

`/(\S+\s+)+/`

Elle se lit : « Un certain nombre de caractères qui ne sont pas des espaces (« `\S+` ») suivi par un certain nombre d'espaces (« `\s+` »), le tout répété au moins une fois. ». Cette expression régulière conviendrait parfaitement pour représenter du texte : chaque correspondance de « `\S+` » serait un mot avec les éventuelles ponctuations qui l'entourent, les mots étant séparés par des espaces.

Utilisons cela pour extraire les informations sur la taille d'une page dans un document PDF, qui sont sous la forme :

`/MediaBox[`$a\ \ b\ \ c\ \ d$`]`

où a, b, c et d sont des nombres réels. Ils indiquent la position du coin en bas à gauche et du coin en haut à droite de la page. On peut mettre autant d'espaces que l'on veut, tant que les nombres sont distincts. On pourrait écrire une expression régulière qui tienne compte de la forme exacte attendue pour les nombres ; cependant, si le document PDF a été créé correctement, ceci n'est pas nécessaire. Nous allons simplement les représenter au moyen de « `\S+` » pour les démarquer des espaces qui les délimitent. Pour extraire ces informations d'un document, nous pouvons donc utiliser

`/\/MediaBox\s*\[\s*\S+\s+\S+\s+\S+\s+\S+\s*\]/`[18]

Exercice 31. Comment trouver dans une chaîne tous les nombres qui commencent par `"1"` et finissent par `"3"` ?

Ces raccourcis sont aussi utilisables au sein d'une classe de caractères. On peut ainsi représenter un chiffre hexadécimal à l'aide de « `[\da-fA-F]` ». Servons-nous de ces possibilités pour écrire une construction pour le moins originale pour représenter des lettres : celles-ci sont en réalité constituées de « `\w` » (les caractères alphanumériques) privé de « `\d` » (les chiffres) et de « `_` », soit tout ce qui n'est ni « `\W` », ni « `\d` », ni « `_` ». Cela s'écrit :

`/[^\W\d_]/`

L'intérêt de cette construction apparaîtra pleinement au chapitre 4, page 72.

Exercice 32. Le membre de gauche d'une adresse électronique ne peut contenir ni espaces d'aucune sorte, ni arobases. Pouvez-vous le représenter ?

Il ne faut pas confondre « `[^\d\s]` » et « `[\D\S]` » : le premier détecte tout ce qui n'est *ni* un espace, *ni* un chiffre, alors que le second représente n'importe quel caractère qui est *ou bien* « pas un chiffre » (« `\D` ») *ou* « pas un espace » (« `\S` »). Puisque les chiffres ne sont pas des espaces, si l'on prend un caractère quelconque, il appartient au moins à l'une des deux

18. Il ne faut pas oublier de protéger les crochets pour éviter de les interpréter en tant que classes de caractères.

catégories. En conséquence, tous les caractères correspondent à cette classe, ce qui n'est vraisemblablement pas l'effet recherché.

Nous avons volontairement omis la définition exacte des chiffres (« `\d` »), espaces (« `\s` ») et caractères alphanumériques (« `\w` ») : en réalité, les raccourcis de ce type sont plus généraux que leurs « équivalents » comme « `[a-zA-Z0-9_]` » ou « ␣ ». Ils s'étendent au-delà du code ASCII et permettent, par exemple, de représenter des caractères accentués. Nous y reviendrons plus en détail dans le chapitre suivant, page 71.

3.5 « ♫ Donna ♪ »{7,12}

La plupart du temps, quand on utilise un quantificateur, le nombre exact de répétitions attendues est indéterminé. Dans ce cas, les quantificateurs « `+` » et « `*` » suffisent. Cependant, il arrive que l'on ait une idée précise du nombre de répétitions souhaitées ; on peut alors, pour gagner en spécificité, utiliser ceci :

« `a{5,18}` »	entre 5 et 12 répétitions de « `a` »

De même, un nombre entier comprenant entre 3 et 9 chiffres correspond spécifiquement à

```
/\d{3,9}/
```

Dans les temps reculés du DOS, les noms de fichiers suivaient le format dit « 8.3 » soit au plus 8 caractères, un point, puis au plus 3 caractères, ces deux derniers éléments étant optionnels. Les caractères autorisés sont, pour simplifier, les caractères alphanumériques et le caractère souligné. Ces noms de fichiers correspondent donc à

```
/\w{1,8}(\.\w{0,3})?/
```

Exercice 33. Proposer *deux* expressions régulières qui correspondent à des heures du type `"19h3"`, `"2h02"`, etc., l'une en utilisant « `?` », l'autre en utilisant les constructions du type « `{5,9}` ».

Ce type de quantificateur se comporte exactement comme ses confrères : il est lui aussi avide. Ainsi, si l'on cherche une correspondance de `/\d{1,7}/` dans `"1234567"`, on trouve `"1234567"`.

Quelques raccourcis pratiques sont également à notre disposition pour les cas courants :

« `{5,}` »	au moins 5 fois
« `{5}` »	exactement 5 fois

Il faut bien noter la virgule, qui est présente dans le premier et absente dans le second. Tous les entiers comportant au moins quatre chiffres peuvent donc s'écrire :

```
/\d{4,}/
```

Exercice 34. Quelle expression régulière peut-on utiliser pour trouver des entiers supérieurs ou égaux à 1000 ?

Nous pouvons maintenant construire une expression pour décrire les numéros de téléphone comme `"01.23.45.67.89"` : ils sont constitués de quatre groupes du type « deux chiffres, un point » et se terminent par deux chiffres. Ils correspondent donc à

```
/(\d{2}\.){4}\d{2}/
```

Exercice 35. Écrire une expression régulière qui correspond à une adresse IP (version 4) comme `"10.0.245.27"`, où les nombres représentés n'ont jamais plus de trois chiffres[19].

19. En vérité, ces nombres sont strictement inférieurs à 256 ; nous ignorerons cette propriété pour simplifier.

3.6 IgNOrER lA cAsSE

Les expressions régulières sont sensibles à la casse des caractères : elles font la différence entre les majuscules et les minuscules. Ainsi, /a/ correspond à "auteur" mais pas à "Antoine". On peut cependant changer ce comportement à l'aide d'un modificateur[20]. Les modificateurs sont des caractères que l'on rajoute après la barre oblique qui clôt l'expression régulière ou le remplacement dans Perl, ou bien des paramètres que l'on passe aux diverses fonctions qui implémentent les expressions régulières dans d'autres langages. Ils ne font pas réellement partie de l'expression régulière à laquelle ils s'appliquent, mais modifient la façon dont le programme interprète et utilise cette expression.

Nous avons déjà rencontré un modificateur pour les remplacements : « g », qui permet de remplacer toutes les correspondances non coïncidentes en une seule fois, et pas seulement la première occurrence. De même,

> Le modificateur « i » peut être utilisé pour effectuer une recherche insensible à la casse des caractères.

Ainsi, /a/i correspond aussi bien à "A" qu'à "a". Le titre de cette section correspond donc à

/iGNORer la CASse/i

Ce modificateur peut aussi être utilisé avec les remplacements, et les modificateurs peuvent être combinés entre eux. On peut ainsi supprimer toutes les balises "<li>" d'une chaîne, y compris celles qui sont en majuscules, au moyen de

s/<li>//gi

EXERCICE 36. Comment supprimer toutes les balises "<tt>" et "</tt>", ainsi que leurs variantes en majuscules ?

Nous verrons d'autres modificateurs au chapitre 4.

20. Cette dénomination est propre à Perl ; les autres langages parlent plus volontiers d'« options ».

3.7 « Je descends à la prochaine »

Nous avons vu avec les classes de caractères négatives une manière de limiter les correspondances d'éléments quantifiés : il suffit d'utiliser une classe de caractères négative excluant le caractère qui annonce la fin de ce que l'on cherche (une parenthèse fermante pour un texte entre parenthèses, un `">"` pour la fin d'une balise, etc.). Dans bon nombre de cas, cette astuce permet d'éviter des correspondances plus longues que celles voulues. Cependant, cette stratégie n'est pas toujours applicable. On peut alors employer des versions « non avides » des quantificateurs :

> « `+?` », « `*?` », « `{5,12}?` », etc., sont des versions « non avides » des quantificateurs « `+` », « `*` » et « `{5,12}` ».

Il suffit de faire suivre un quantificateur d'un point d'interrogation pour que celui-ci devienne « non avide ». Pour ces quantificateurs, on inverse la règle de la page 29 :

> Les correspondances d'un élément suivi d'un quantificateur non avide sont les *plus petites possibles* sans pour autant gêner le reste de l'expression régulière.

Ainsi, si l'on cherche une correspondance de

`/a+?/`

dans `"aaab"`, on trouve `"aaab"`. Celle de `/a+?b/` est en revanche `"aaab"`, puisqu'elle commence le plus tôt possible. Dans ce dernier exemple, comme dans de nombreuses autres circonstances, les quantificateurs avides et non avides ont le même effet.

Appliquons les versions non avides des quantificateurs à la recherche de texte mis en gras dans un document HTML, où elles se révèlent particulièrement utiles. Ce texte se situe entre deux balises "<b>" et "</b>", comme "<b>gras</b>".

La première idée serait d'utiliser

```
/<b>.*<\/b>/
```

Toutefois, on obtient souvent des correspondances trop étendues, comme dans "<b>gras</b> pas gras <b>gras</b>". La solution est donc d'utiliser un quantificateur non avide :

/<b>.*?<\/b>/i[21]

EXERCICE 37. Écrire une expression régulière dont les correspondances commencent en début de chaîne et s'arrêtent à la première occurrence de "prochaine".

Les quantificateurs non avides sont particulièrement utiles pour analyser des codes de programmes. Par exemple, si l'on cherche à extraire toutes les chaînes de caractères d'un programme écrit en C, une première idée serait d'utiliser

```
/"[^"]*"/
```

Cependant, cela pose des problèmes avec les chaînes de caractères contenant « \" », qui permet d'inclure littéralement des guillemets américains dans une chaîne. En effet, cette expression trouve

```
const char * chaine = "Guillemets:\", ', etc.";
```

ce qui n'est pas voulu. Une solution est alors de chercher une chaîne qui peut contenir n'importe quels caractères, et qui se termine aux *premiers* guillemets américains qui ne sont pas précédés d'un caractère d'échappement. Ceci s'écrit :

```
/".*?[^\\]"/
```

EXERCICE 38. Cette dernière expression régulière ne correspond pas aux chaînes vides « "" ». Comment y remédier ?

21. Notez que l'on a ici utilisé le modificateur « i », car les balises peuvent aussi bien être en minuscules qu'en majuscules.

Exercice 39. En Pascal, les chaînes de caractères sont délimitées par des apostrophes "'". À l'intérieur de l'une d'elles, on peut utiliser "\'" ou "''" pour représenter littéralement une apostrophe. Comment représenter de telles chaînes par une expression régulière ?

3.8 Mettez-le-moi de côté

Quand on cherche une correspondance d'une expression régulière dans une chaîne, on est souvent intéressé par une ou plusieurs parties de la correspondance, que ce soit pour les utiliser dans un texte de remplacement, dans le programme ou au sein même de l'expression régulière. Par exemple, si l'on cherche le titre d'un document HTML au moyen de l'expression /<title>.*?<\/title>/i, on aimerait bien signifier au moteur de recherche que l'on souhaite récupérer la correspondance du bloc « .*? ». On peut utiliser les parenthèses dans ce but : l'expression

```
/<title>(.*?)<\/title>/i
```

demande au moteur de « garder au chaud » la correspondance de « (.*?) » pour que l'on puisse la réutiliser. On appelle cette utilisation des parenthèses des *parenthèses capturantes* et l'opération dans son ensemble s'appelle la *capture*. On parle aussi de *groupes capturés* pour faire référence au contenu de ces groupes.

Notons que les notions de groupage et de capture sont complètement différentes ; c'est par hasard qu'elles partagent la même syntaxe[22].

22. En effet, on dispose naturellement de trois paires de délimiteurs : les parenthèses, les crochets et les accolades. Crochets et accolades étant déjà réservés à d'autres usages, les parenthèses sont surexploitées car groupage et capture sont compatibles.

a. Numérotation des groupes

Dans la plupart des langages, on utilise les groupes capturés au moyen de leur numéro[23]. Il est donc important de savoir les numéroter.

Les groupes sont numérotés de gauche à droite, en partant de 1, dans l'ordre de leurs parenthèses ouvrantes.

Pour illustrer cette règle, numérotons tous les groupes de l'expression suivante :

```
/p(le(in)de(g)r) (o(u(p)e)s)/
```

Écrivons sous chaque parenthèse le numéro du groupe qu'elle délimite :

```
/p(le(in)de(g)r) (o(u(p)e)s)/
  1  2  2  3 31 4 5 6 6 5 4
```

Exercice 40. Numéroter les groupes de

```
/e(nc(o)re(pl)(us))(d(e(gr)(ou(pe))s))/
```

b. Remplacements

On peut réutiliser un des groupes capturés dans le texte de remplacement :

« `$1` » représente la valeur du premier groupe capturé, « `$2` » la valeur du deuxième, etc.

Ainsi, `s/(.)/$1$1/g` permet de doubler tous les caractères d'un texte : à chaque correspondance de `/(.)/` trouvée – c'est-à-dire à chaque caractère – le programme stocke ce qu'il a trouvé entre les parenthèses dans le groupe numéro 1. Le texte de remplacement, `"$1$1"`, utilise deux fois

23. Le C# permet, en outre, d'utiliser des groupes capturés en leur donnant un nom.

ce groupe : on remplace chaque caractère trouvé par deux fois lui-même, et on passe au suivant. Si l'on applique cette construction à `"chaîne"`, on obtient `"cchhaaîînnee"`.

Un autre exemple : `s/(\d+)/'$1'/g` permet d'entourer d'apostrophes tous les nombres de la chaîne à laquelle on l'applique. En effet, le premier et seul groupe capturé par l'expression régulière `/(\d+)/` est le nombre auquel elle correspond. Le texte de remplacement lui ajoute des apostrophes de part et d'autre. En l'utilisant sur la chaîne `"2 + 2"`, on obtient `"'2' + '2'"`.

On peut également utiliser

```
s/(.)(.)/$2$1/g
```

pour permuter deux à deux tous les caractères d'une chaîne. Les correspondances de cette expression régulière sont des éléments de deux caractères consécutifs. Chaque caractère est stocké dans le groupe correspondant à son numéro ; le texte de remplacement permute ces deux groupes. Si l'on applique cela à `"dans␣l'ordre"`, on obtient `"adsnl␣o'drer"`.

EXERCICE 41. Écrire une construction qui permet de permuter le premier et le dernier chiffre de tous les nombres d'une chaîne de caractères.

Cette construction est particulièrement utile pour jongler avec différents formats. On peut par exemple s'en servir pour transformer toutes des dates du type `"2005-03-18"` (année-mois-jour) en `"18/03/2005"` (jour/mois/année) :

```
s/(\d{4})-(\d{2})-(\d{2})/$3\/$2\/$1/g
```
[24]

EXERCICE 42. Écrire un code similaire pour convertir les dates comme `"16h15, le 18/03/05"` en `"18/03/05␣16:15"`. On pourra utiliser le quantificateur « `+` » pour simplifier les nombres ; cela n'affecte pas grandement la spécificité.

24. Remarquez qu'il faut aussi faire précéder les barres obliques « / » d'un caractère d'échappement dans le texte de remplacement.

c. Extraction

Le plus grand intérêt des groupes capturés, qui à lui seul suffirait à justifier tout ce livre, c'est la possibilité de récupérer leur contenu pour les utiliser dans le programme, *en dehors* de l'expression régulière. Par exemple, si l'on cherche une correspondance de

`/(\d+).*?(\d+)/`[25]

dans la chaîne `"de 14 à 15 heures"`, Perl stocke dans la variable `$1` la valeur capturée par le premier groupe, ici `"14"`, et dans `$2` celle capturée par le deuxième, soit `"15"`. De manière plus générale, après avoir trouvé une correspondance dans une chaîne, Perl stocke dans la variable `$`n le contenu du n-ième groupe capturé.

Exercice 43. Dans Perl, que valent `$2`, `$5` et `$8` une fois que l'expression

`/e(nc(o)re(pl)(us))(d(e(gr)(ou(pe))s))/`

a trouvé une correspondance dans une chaîne ? Question subsidiaire mais importante : pourquoi ne précise-t-on pas le texte trouvé ?

C'est cette utilisation des captures qui permet de faire le lien entre la recherche de correspondances dans une chaîne de caractères et l'utilisation de ce que l'on a trouvé. Nous n'allons pas nous y attarder maintenant : cet usage fera l'objet du chapitre 4 en entier. Il faut savoir que la manière d'utiliser les groupes capturés est très variable suivant les langages ; c'est dans Perl qu'elle est la plus aisée. Nous vous montrerons pas à pas, au chapitre 5, comment procéder dans les différentes implémentations.

---

25. Pourquoi a-t-on utilisé un quantificateur non avide ?

d. Les captures et les quantificateurs

Nous avons vu que les parenthèses ont deux utilisations distinctes sans lien direct : les captures et le groupage. Que se passe-t-il quand on cherche une correspondance de `/(.)+/` dans `"abc"` ? Quelle est la valeur du premier – et unique – groupe capturé : `"a"`, `"abc"`, ou encore `"c"` ? Dans la plupart des langages, il s'agit de cette dernière possibilité : c'est le texte que le groupe a capturé en dernier qui est disponible pour le programme. Cependant, cela n'est jamais documenté clairement ; nous vous recommandons donc, par prudence, d'éviter les constructions de ce type.

Sauf cas rares, on peut toujours contourner le problème en explicitant le groupe que l'on veut réutiliser. Ainsi, dans l'exemple ci-dessus, si l'on a besoin de la première correspondance, on peut utiliser `/(.).*/`, ou `/.*(.)/` si l'on veut la dernière et `/(.+)/` si l'on veut le texte en entier.

L'implémentation du C# se démarque des autres à ce propos car elle gère remarquablement bien les groupes capturants munis de quantificateurs.

3.9 Une impression de déjà-vu

On peut aussi faire référence à un groupe capturé au sein même d'une expression régulière ; on l'appelle alors *référence interne*.

« *n* »	contenu du *n*-ième groupe capturé.

En utilisant cette syntaxe, on peut représenter une lettre doublée de la sorte :

```
/(.)\1/
```

Cette expression correspond à n'importe quelle lettre qui est suivie du contenu du premier groupe capturé, soit la lettre elle-même. De même,

```
/(\S+)\s+\1/
```

représente un mot[26] répété deux fois, avec des espaces blancs entre les deux occurrences.

Cette construction présente tout de même une limitation importante : il faut impérativement que le n-ième groupe soit capturé avant l'utilisation de « $\backslash n$ ». `/\1(.)/` n'est donc pas valide.

Nous sommes maintenant en mesure de détecter de manière générique une paire de balises HTML : une ouvrante et une fermante, comme `"<title>Titre</title>"` ou encore `"<head>Entête</head>"`.

Nous savons déjà repérer une seule de ces balises à l'aide de l'expression `/<[^>]+>/` ; nous savons de plus qu'il faut utiliser des quantificateurs non avides entre deux balises. Il ne nous reste plus qu'à représenter la balise fermante, qui est de la forme `"</head>"` si `"<head>"` est la balise ouvrante. Pour cela, il faut donc ajouter des parenthèses capturantes dans la balise ouvrante afin de récupérer son nom. Nous pouvons alors utiliser « `<\/\1>` » pour la balise fermante. En combinant tous ces éléments, nous obtenons

```
/<([^>])>.+?<\/\1>/
```

Exercice 44. L'expression précédente ne fonctionne pas si l'on fournit des arguments à la balise ouvrante, comme dans `"<a href="url">Un lien</a>"`. Sachant que les noms autorisés pour les balises sont composés exclusivement de caractères alphanumériques, comment traiter aussi ces cas-là ?

Notons encore une fois que cette expression ne fonctionne pas dans le cas de balises imbriquées. Nous y reviendrons dans le chapitre suivant.

Les références internes présentent un piège particulièrement difficile à déceler. Imaginons que nous cherchions dans une chaîne tous les nombres qui commencent et finissent par

26. En réalité, ce n'est pas nécessairement un mot, puisque l'on ne s'assure pas que la gauche et la droite de la correspondance coïncident avec des limites de mots. Nous verrons comment faire cela dans la prochaine partie.

le même chiffre. Une première idée pour les trouver serait d'utiliser l'expression régulière

`/(\d)\d*\1/`

qui trouve tous les nombres qui sont de la forme « un chiffre, puis un nombre quelconque de chiffres, puis le même chiffre que le premier ». Cependant, si l'on utilise cette expression régulière dans la chaîne `"Un nombre : 12324"`, on trouve `"Un nombre : 12324"`, qui n'est qu'une partie d'un nombre. On ne s'est pas assuré que le *nombre en entier* commence et finit par le même chiffre, on s'est juste assuré que les *correspondances* commencent et finissent par le même chiffre.

On pourrait penser que l'avidité du quantificateur « `*` » nous garantit que tous les chiffres sont inclus dans les correspondances. Il n'en est rien : elle nous assure seulement que la partie correspondant à « `\d*` » est la plus grande possible, sans empêcher l'expression entière de correspondre. Il faut, de plus, vérifier qu'aucun chiffre n'est situé directement à gauche ou à droite de la correspondance. À cet effet, on peut rajouter « `\D` » de part et d'autre de l'expression, ou plutôt « `(^|\D)` » à gauche et « `($|\D)` » à droite : ainsi, ce qui borde les correspondances est soit un caractère qui n'est pas un chiffre, soit le début ou la fin de la chaîne de caractères. Ceci donne

`/(^|\D)(\d)\d*\1($|\D)/`

On peut utiliser ces constructions dans une méthode originale pour vérifier si un nombre entier est premier. Imaginons que nous représentons les nombres entiers par des chaînes de caractères composées d'autant de `"1"` que la valeur du nombre que l'on représente ; `"111"` (prononcer « un-un-un ») est 3, `"111111"` est 6, etc. Un nombre est premier si l'on ne peut pas le décomposer en un produit de nombres strictement plus petits ; 4 n'est pas premier car c'est 2×2. En revanche, 2, 3, 5, 7, etc. sont premiers.

En particulier, lorsqu'un nombre n'est pas un nombre premier, la chaîne qui le représente peut se décomposer en plusieurs blocs identiques : ainsi, la chaîne pour 4, `"1111"` peut se décomposer en deux blocs de deux caractères, 2 × "11". Les nombres premiers sont donc ceux dont la chaîne ne peut pas se décomposer en blocs identiques plus petits. Construisons maintenant une expression régulière qui permet de détecter si une chaîne de caractères est composée de plusieurs blocs identiques d'au moins deux caractères[27].

On détecte un bloc d'au moins deux caractères au moyen de « `.{2,}` », ou plutôt « `(.{2,})` » pour capturer le bloc. Pour vérifier qu'il est présent plusieurs fois d'affilée, il suffit de lui accoler « `\1+` », qui représente le premier bloc capturé au moins une fois. Pour finir, il est important de rajouter « `^` » et « `$` » de part et d'autre de l'expression régulière pour s'assurer que la chaîne entière lui correspond. Nous pouvons alors utiliser

```
/^(.{2,})\1+$/
```

pour vérifier qu'un nombre écrit dans la forme présentée ci-dessus est premier.

En pratique, ce n'est pas une bonne idée d'utiliser cette approche : si l'on sait très rapidement vérifier si un nombre « raisonnablement grand » (quelques centaines de milliards) est premier, peu d'ordinateurs en revanche peuvent travailler sur des chaînes de quelques centaines de milliards de caractères... De plus, l'algorithme est loin d'être optimal. Mais l'exemple en soi est intéressant et permet de démontrer que l'on peut exprimer des idées particulièrement complexes au moyen de références internes.

3.10 Les mots : le début et la fin

Nous avons été confrontés à plusieurs reprises à la nécessité de s'assurer qu'une position dans une expression régulière coïncide avec la limite entre un mot et ce qui l'entoure dans la correspondance. Nous avons alors explicité les caractères

27. Il faut que les blocs comportent au moins deux caractères, parce que l'on peut toujours décomposer n'importe quel nombre en blocs de "1".

autour du mot, comme dans `/\Wmot\W/`. Cependant, cette manière de procéder doit être améliorée si l'on veut effectuer des remplacements, car les correspondances incluent aussi les caractères autour des mots : pour éviter de les supprimer lors du remplacement, il faut les capturer et les restituer. De plus, il faut affiner pour gérer les occurrences du mot en début ou en fin de chaîne. Il est de loin préférable d'utiliser ceci :

« `\b` » correspond à une limite de mot.

En pratique, « `\b` » correspond à une transition entre « `\w` » et « `\W` » ou entre « `\W` » et « `\w` », et gère correctement les débuts et fins de chaînes. Pour chercher un mot entier, on peut donc utiliser

`/\bmot\b/`

De même, pour trouver dans une chaîne tous les endroits où `"début"` est au début d'un mot, on peut employer

`/\bdébut/`

Remarquons que « `\b` » ne correspond à *aucun caractère* : il se contente de vérifier qu'il est placé à la limite d'un mot. En conséquence, les expressions régulières suivantes n'ont aucune correspondance :

`/␣\b␣/` et `/a\bc/`

À l'instar des autres raccourcis qui lui ressemblent (« `\d` », par exemple), « `\b` » est pourvu de son complémentaire :

« `\B` » correspond s'il n'est pas placé à la limite d'un mot.

On peut, par exemple, récupérer spécifiquement le numéro d'une fonction du type `"fonction27"` à l'aide de

`/\B(\d+)/`

Cette construction est en pratique beaucoup moins utile que « `\b` ».

Récapitulons !

Nous avons vu dans ce chapitre des constructions suffisamment évoluées pour traiter toutes les situations courantes. Avant de passer à l'utilisation proprement dite des expressions régulières dans un programme, nous allons résumer les connaissances que nous avons acquises dans ce chapitre, ainsi que leurs écritures en Perl. Pour les autres langages, reportez-vous à la page 108.

Syntaxe	Description	Page
	Les classes de caractères	
`[cgz]`	`"c"` ou `"g"` ou `"z"`	37
`[0-9a]`	Les chiffres et `"a"`	40
`[^e]`	Tout sauf `"e"`	41
	Les raccourcis	
`\d`	Un chiffre	43
`\s`	Un espace	43
`\w`	Caractères alphanumériques	43
`\b`	Une limite de mot	59
	Leurs complémentaires	
`\D`	Tout sauf un chiffre	44
`\S`	Tout sauf un espace	44
`\W`	Tout sauf un caractère alphanumérique	44
`\B`	Tout sauf une limite de mot	59
	Les quantificateurs précis	
`{2,7}`	Entre 2 et 7	46
`{2,}`	Au moins 2	47
`{2}`	Exactement 2	47
	L'avidité	
`+?`	« + » non avide	49
	Utilisation du groupe 1	
`$1`	Utilisation en remplacement	52
`\1`	Référence interne	55

Chapitre 4

Bien utiliser les expressions régulières dans un programme

Après avoir appris à construire des expressions régulières dans les chapitres précédents, le temps est venu de voir comment s'en servir. Nous allons vous montrer comment utiliser les tests dans vos programmes, comment extraire des données de chaînes de caractères ainsi que des utilisations courantes des remplacements. Nous vous donnerons ensuite quelques règles de « savoir programmer » avec les expressions régulières, en particulier ce qu'il faut éviter. Enfin, ce chapitre se terminera par deux sujets importants : la gestion des lignes et quelques pistes pour travailler dans l'international.

Tous les codes de ce chapitre sont écrits en Perl. Nous avons cependant porté une attention particulière à la syntaxe, de manière à la rendre claire et compréhensible pour tous, quitte à s'éloigner de la manière dont un « perliste » les aurait écrits[1].

4.1 Utilisations courantes

a. Les tests simples

On utilise naturellement les expressions régulières pour vérifier si une entrée de l'utilisateur ou une partie d'un fichier sont dans un format bien déterminé. Ainsi, dans le programme qui gère le formulaire en ligne de l'introduction, on pourrait trouver le code suivant :

```
if($adresse =~ /^\s*[^@]+@[^@]+\.[^@]+\s*$/)
  { utiliseAdresse($adresse); }
else {afficheErreur("Adresse incorrecte");}
```

1. Qu'ils nous en excusent par avance !

C'est l'opérateur « =~ » qui demande à Perl de chercher une correspondance dans la chaîne qui se trouve à sa gauche. Si son membre de droite contient une construction comme `s/a/b/` pour les remplacements, le remplacement est effectué directement dans la chaîne. Nous reviendrons plus en détail sur la syntaxe au chapitre suivant. Ce code se lit donc : « Si la variable `$adresse` correspond à l'expression pour les adresses, on appelle la fonction `utiliseAdresse()` avec comme argument l'adresse en question. Sinon, on utilise la fonction `afficheErreur()` pour afficher un message d'erreur. »

Dans un programme qui a besoin de lire des nombres entiers dans un fichier, on peut par exemple utiliser le code suivant pour vérifier que `$chaine` représente bien un nombre entier :

```
if($chaine =~ /^\s*[-+]?\s*\d+\s*$/) {
  $chaine =~ s/\s+//g; # on enlève les espaces
  utiliseEntier($chaine);
}
```

Ce code montre par la même occasion une des utilités des remplacements : ils permettent de rendre une entrée plus « propre », en éliminant les espaces superflus par exemple. Nous en verrons bientôt d'autres.

Si l'on souhaite lire un fichier de configuration dont les lignes ont la forme `"Nom=Valeur"`, on peut par exemple employer le code suivant pour vérifier qu'une ligne a bien le format attendu[2] :

```
if(not ($ligne =~ /^\s*\w+=/)) {
  afficheErreur("La ligne n'est pas correcte");
}
```

b. Utilisation des groupes capturés

Pour un fichier de configuration, il est possible d'aller plus loin : on peut extraire les données des lignes en même temps que l'on vérifie leur syntaxe, à l'aide de groupes capturés.

2. On l'autorise, à la limite, à contenir des espaces en début de ligne.

```
if($ligne =~ /^\s*(\w+)=(.*?)\s*$/) {
  $nom = $1; $valeur = $2;
  ajouteConfig($nom,$valeur);
}
```

Ce code récupère le nom et la valeur associée à chaque ligne analysée et les passe à la fonction `ajouteConfig()`. De plus, il met en valeur un principe important : il faut affecter *le plus rapidement possible* le contenu des groupes capturés à des variables bien nommées. Vos codes y gagneront en lisibilité.

On utilise couramment les expressions régulières pour extraire quelques informations intéressantes dans une chaîne qui en contient beaucoup d'autres.

Imaginons que, dans un de vos programmes, vous devez connaître la taille des images contenues dans un répertoire pour, par exemple, les redimensionner afin de créer des miniatures dans une page web. Pour cela, vous faites appel à un programme extérieur, `xloadimage`[3] ; la commande `xloadimage -identify Image.jpg` produit une sortie de la forme

```
Image.jpg is a 530x592 JPEG image, color space
YCbCr, 3 comps, Huffman coding.
```

Depuis votre programme, il n'est pas difficile de récupérer le résultat de cette commande[4]. Vous pouvez ensuite obtenir les dimensions de l'image avec le code suivant, dans lequel `$sortie` contient le résultat de la commande :

```
if($sortie =~ /(\d+)x(\d+)/) {
  $tailleX = $1; $tailleY = $2;
  utiliseVariable($tailleX,$tailleY);
}
```

3. C'est un programme disponible sous Linux/Unix pour afficher des images. Des programmes similaires existent pour d'autres plate-formes.

4. Dans Perl, on pourrait utiliser les apostrophes inverses :

```
$sortie = `xloadimage -identify Image.jpg` ;
```

c. Toutes les correspondances

Il est généralement utile de récupérer toutes les correspondances d'une expression régulière dans une chaîne. Si vous souhaitez par exemple récupérer toutes les balises d'un document HTML, vous pouvez employer le code suivant :

```
$index = 0;
while($document =~ /<([^>]+)>/g) {
  $balises[$index] = $1; $index = $index + 1;
}
```

Il effectue une progression dans la chaîne `$document` : le modificateur `g` permet de continuer la recherche exactement à l'endroit où la précédente s'était arrêtée. En itérant au moyen d'une boucle `while`, on parcourt successivement toutes les correspondances. Le code à l'intérieur de la boucle se contente d'ajouter à la fin d'un tableau la balise trouvée et d'incrémenter un compteur, `$index`. Nous verrons plus loin d'autres usages de cette construction.

d. Et les remplacements ?

On emploie souvent les remplacements pour effectuer des manipulations simples sur des chaînes de caractères, comme supprimer les commentaires d'un fichier de configuration ou modifier le nom d'un fichier. Dans le code suivant, on remplace l'extension de `$fichier` par `.pdf` :

```
$fichier =~ s/(\.[^.]+)$/.pdf/;
```

On utilise aussi les remplacements associés avec des recherches pour nettoyer une entrée avant de la passer à une fonction qui l'analyse. Si, par exemple, vous souhaitez extraire des données d'un article où les nombres sont écrits à l'anglaise avec des séparateurs pour les milliers, comme dans `"1,500"` (mille cinq cents), il faut les transformer un peu avant de les utiliser. Nous vous proposons un code qui détecte tous ces nombres dans une chaîne et enlève les virgules gênantes. Nous y avons utilisé la variable `$&` qui est similaire à `$1`, à ceci près qu'elle contient la correspondance en entier (ici `"1,500"`).

```
while($chaine = ~/[+-]?\d+(,\d{3})*(\.\d*)?/g) {
  $nombre = $&; # la correspondance en entier
  $nombre =~ s/,//g;
  utiliser($nombre);
}
```

4.2 N'en demandez pas trop !

Nous allons maintenant vous montrer les pièges à éviter quand on utilise des expressions régulières.

a. Fragmentez !

Les dates sont des objets relativement complexes : le numéro des jours ne doit pas être plus grand que le nombre de jours dans le mois en cours par exemple. S'il est facile d'écrire une expression régulière qui élimine les candidats tels que "42.18.1990", il est en revanche beaucoup plus difficile d'écrire une expression qui refuse "31.09.2003". À titre d'exemple, nous en avons écrit une qui résout ce problème[5]. Elle fait appel à une construction spécifique de Perl. Nous la mentionnons juste pour montrer sa complexité[6].

```
/^([01]?[0-9]|2[0-8]|(29|30)|(31)) # le jour
  \.(?(3)                          # > si c'est le 31
      (0?[13578]|10|12)            # janvier, mars, etc.
      |
      (?(2)                        # > sinon si (29|30)
        (0?[13-9]|1[0-2])          # tout sauf février
        |
        (0?[1-9]|1[0-2])           # > sinon tout
      )
    )
  \.(\d{2}|\d{4})$                 # l'année
/x
```

5. Aux années bissextiles près.

6. Elle utilise toutefois le modificateur x, sur lequel nous reviendrons page 67.

Il serait ridicule d'utiliser une telle expression, quand une expression plus simple et quelques tests suffisent :

```
@jours = (0,31,28,31,30,31,30,31,31,30,31,30,31);
if($date =~ /(\d+)(\D)(\d+)\2(\d+)/) {
  $jour = $1; $mois = $3; $annee = $4;
  if(($mois <1) or ($mois > 12)) {
    afficheErreur("Le mois n'est pas correct");
  }
  elsif(($jour < 1) or ($jour > $jours[$mois])){
    afficheErreur("Le jour n'est pas correct");
  }
}
```

Le tableau `@jours` contient le nombre de jours de chaque mois. Nous avons ajouté un `0` au début, car l'indexation se fait à partir de 0 : janvier correspond ainsi au deuxième élément du tableau, numéroté 1. On vérifie le nombre de jours au moyen du test `$jour > $jours[$mois]`.

Cette manière de procéder présente deux avantages : d'une part, le code est plus simple à lire, à écrire et à modifier ; vous diminuez d'autant les erreurs et la difficulté à les corriger. D'autre part, vous êtes en mesure de fournir plus d'informations à l'utilisateur sur ce qui ne va pas. En effet, si l'énorme expression régulière ci-dessus ne trouve pas de correspondance, on n'en sait pas plus : est-ce le mois qui n'est pas correct, ou l'erreur est-elle ailleurs ? Rien n'est plus frustrant pour un utilisateur de buter sur un message d'erreur flou ou incompréhensible. Dans la deuxième méthode, en revanche, on peut dire à l'utilisateur si c'est le mois ou le jour qui pose problème : il peut alors le corriger rapidement.

Imaginons que vous écriviez un programme qui analyse les journaux d'un serveur web, dans lesquels le serveur consigne toutes les requêtes. Ces fichiers ressemblent à :

```
192.168.0.2 - - [20/Dec/2004:16:23:18 +0100]
      "GET /index.html HTTP/1.1" 200 2187
```

où l'on a coupé la ligne pour qu'elle tienne dans la page.

Il serait tentant d'écrire une expression régulière qui corresponde à chacune de ces lignes dans leurs moindres détails. Cependant, nous vous conseillons d'éviter cette solution et de préférer un code dans l'esprit du suivant :

```
if($ligne =~
    /^(.+?) - - \[([^]]+)\]\s+"([^"]+)"\s+(.*)$/
  ){
  $IP      = $1;
  $date    = $2;
  $requete = $3;
  $resultat= $4;
  if($IP =~ /(\d+)\.(\d+)\.(\d+)\.(\d+)/) {
    traiterAdresse($IP);
  }
}
```

Il sera beaucoup plus clair[7] pour tous vos lecteurs (et pour vous-même). De plus, lorsque le programme repère des lignes non conformes, vous aurez des moyens beaucoup plus précis pour diagnostiquer : est-ce l'adresse qui n'est pas correcte ? la date ? ou la ligne entière qui ne répond pas à la structure ? De tels codes sont beaucoup plus vivants et faciles à maintenir qu'une énorme expression régulière monolithique.

b. Commentez si possible !

Dans un certain nombre d'implémentations, il est possible de clarifier l'écriture d'une expression régulière en insérant un nombre arbitraire d'espaces et des commentaires. On utilise pour cela le modificateur `x`[8]. Quand il est utilisé, l'interpréteur ignore purement et simplement tous les espaces blancs d'une expression régulière (y compris les retours à la ligne) ; de plus, on peut inclure des commentaires « à la Perl »,

7. Cette expression est complexe, mais une solution spécifique aurait été plus difficile à lire. Nous verrons bientôt une manière de la clarifier.

8. Nous reviendrons sur les modificateurs et leurs équivalents dans les différents langages à la fin de ce chapitre.

qui commencent par un dièse et continuent jusqu'à la fin de la ligne en cours. Il reste possible d'inclure des espaces ou des dièses dans l'expression en les échappant, ou s'ils font partie d'une classe de caractères.

Nous avons déjà employé ce modificateur pour étendre sur plusieurs lignes l'expression à proscrire pour les dates. Utilisons-la pour clarifier l'expression écrite ci-dessus pour les lignes du journal d'un serveur :

```
if($ligne =~ /^(.+?) \s+-\s+-\s+ # l'adresse + - -
                \[([^]]+)\]      # la date précise
                \s+"([^"]+)"     # la requête
                \s+(.*)$         # son résultat
              /x)
```

Nous vous conseillons d'en user et abuser si votre langage le permet ; vous gagnerez un temps précieux quand vous aurez besoin de retoucher vos codes, sans parler des autres personnes qui seraient appelées à les modifier.

c. Utilisez des structures de données appropriées

Les expressions régulières ont leur place pour traiter les entrées de texte dans vos programmes ; en revanche, il faut éviter autant que possible de vous en servir pour vos données internes. S'il est souhaitable d'utiliser le code que nous avons présenté page 62 pour lire les informations d'un fichier de configuration, il serait en revanche coûteux, en terme de ressources, de stocker ces informations sous la forme d'une chaîne de caractères et d'employer une expression régulière à chaque fois que l'on a besoin d'en utiliser le contenu.

Il est de loin préférable d'utiliser les structures de données naturelles de votre langage : elles sont beaucoup plus faciles à manipuler et aussi beaucoup plus performantes que les expressions régulières. Ces dernières doivent se limiter au rôle d'intermédiaires pour transcrire les informations (contenues dans des chaînes de caractères) en variables que vous utiliserez ensuite. Dans le cas du fichier de configuration, on pourrait employer un tableau associatif[9] pour stocker les informations :

```
if($ligne =~ /^\s*(\w+)=(.*?)\s*$/) {
  $nom = $1; $valeur = $2;
  $configuration{$nom} = $valeur;
}
```

La troisième ligne affecte la valeur `$valeur` à la clé nommée `$nom` du tableau associatif `configuration`[10].

De même, on pourrait stocker les informations extraites de chaque ligne des journaux du serveur web dans un objet qui comporterait plusieurs membres :

- un objet qui représente une adresse IP ;
- un objet qui représente une date complète ;
- une chaîne qui contient la méthode utilisée pour formuler la requête ;
- un nombre pour la version du protocole utilisée ;
- une chaîne qui contient le nom de la page accédée ;
- et deux entiers qui représentent le résultat de la requête.

d. Une piste pour les imbrications

Nous avons mentionné à plusieurs reprises le fait que les objets imbriqués, comme les parenthèses ou les balises HTML, sont délicats à traiter. Nous allons donner ici une piste pour les gérer.

Le plus simple est d'effectuer une progression en recherchant les délimiteurs, soit "(" ou ")" pour les parenthèses, les balises ouvrantes et les balises fermantes ("<title>" ou "</b>" par exemple) pour les documents HTML (ou XML), tout en gardant une trace de l'état du système, comme le ni-

9. C'est un tableau qui à une clef (chaîne de caractères) associe une valeur (comme une chaîne ou un nombre). On les appelle aussi « dictionnaires » ou « tables de hachage ». Leur nom anglais est *hash*.

10. Pour les perlistes, ce nom devrait être précédé de `%`. Nous l'avons omis pour ne pas troubler les non-perlistes.

veau d'imbrication et le nom de toutes les balises qui ont été ouvertes et pas encore fermées[11]. Nous allons illustrer cette approche en analysant une chaîne comportant des accolades : nous vérifierons si toutes les accolades sont bien appariées, et nous mémoriserons le nombre maximal d'imbrications que l'on y trouve.

```
$niveau = 0; $niveauMax = 0;
while($chaine =~ /([{}])/g) {
  $delim = $1;
  if($delim =~ /\{/) {
    $niveau = $niveau+1;
    if($niveauMax < $niveau)
      {$niveauMax = $niveau;}
  }
  else {        # le délimiteur est donc "}"
    $niveau = $niveau - 1;
    if($niveau < 0){afficheErreur(" } en trop");}
  }
}
```

Ce code n'est pas utilisable directement dans des cas réels, mais il peut vous servir de base pour traiter des problèmes de délimiteurs imbriqués[12].

4.3 Les lignes

Il est naturel de travailler ligne par ligne quand on analyse des textes. C'est pourquoi, dans un certain nombre d'implémentations, le joker « . » ne peut pas correspondre à un retour à la ligne : on évite ainsi qu'une correspondance de « .* » ne s'étende sur plusieurs lignes.

Il est heureusement possible de changer ce comportement, qui peut être nuisible quand on travaille sur des chaînes qui contiennent plusieurs lignes. On utilise dans ce but le modificateur s : il permet à « . » de correspondre aussi aux

11. Ceci n'est bien sûr pas nécessaire dans le cas des parenthèses.

12. Dans la pratique, regardez d'abord s'il n'existe pas de bibliothèque déjà dédiée à cet usage dans votre langage : ne réinventez pas la roue !

caractères de retour à la ligne. Ainsi, `"a\nb"`[13] correspond à `/^.*$/s`, mais pas à `/^.*$/`. Dans les langages où ce modificateur n'est pas disponible, la question ne se pose pas : « `.` » correspond toujours aux retours à la ligne.

De même, il arrive souvent que l'on ait besoin de chercher un motif placé systématiquement à la fin d'une ligne, sans pour autant qu'il soit à la fin de la chaîne. À l'aide du modificateur `m`, on peut changer le comportement de « `^` » et « `$` » pour qu'ils correspondent non seulement au début et à la fin de la chaîne, mais aussi au début et à la fin de chaque ligne. Pour reprendre l'exemple précédent, `"a\nb"` correspond à `/^.*$/m`, ou plus exactement `"a\nb"` correspond à `/^.*$/m` : le « `.` » ne peut pas correspondre à un caractère de retour à la ligne, mais comme « `$` » signifie aussi « à la fin d'une ligne », on obtient seulement la première ligne. Suivant les implémentations, les caractères qui représentent effectivement le retour à la ligne peuvent être inclus dans la correspondance de « `$` » ou non. Ce n'est généralement pas un problème, mais nous vous conseillons de le vérifier sur des exemples simples si vous en avez besoin.

4.4 L'international

Pour les programmeurs dont les applications peuvent être utilisées dans des contextes linguistiques différents de ceux de leur création, il est important de penser aux autres langues. Que se passe-t-il si l'une de vos expressions régulières est appliquée à des textes d'une autre langue ? Nous allons vous donner une brève description des problèmes posés et des solutions existantes. Il ne s'agit pas d'un exposé exhaustif sur les problèmes liés à l'international dans les expressions régulières. Nous souhaitons plutôt vous donner suffisamment d'informations pour que vous sachiez où chercher des solutions quand vous serez confronté à des problèmes de ce genre.

13. La séquence `"\n"` représente les retours à la ligne dans la majorité des langages.

Imaginons que vous ayez besoin d'un élément qui correspond à un mot. La première idée à laquelle on peut penser, c'est d'utiliser `/[A-Za-z]+/`. Cependant, cette expression ne correspond pas à, par exemple, **`"régulière"`**, car les étendues de caractères du type `a-z` sont généralement restreintes au code ASCII, qui ne contient pas de caractères accentués. Comment faire ?

a. Les raccourcis

Dans la plupart des implémentations, si les paramètres linguistiques locaux sont bien pris en compte par le programme[14], les raccourcis comme « `\s` », « `\d` » et surtout « `\w` » dépendent du langage. Pour ces implémentations, dans un environnement français, **`"régulière"`** correspond à `/\w+/`. Cependant, ce dernier correspond aussi à des nombres et à `"_"` ; pour gagner en spécificité, vous pouvez utiliser l'astuce donnée page 45 pour cibler spécifiquement les lettres, tout en gardant les propriétés de « `\w` ».

b. Les classes de type POSIX

Les raccourcis n'offrent guère que des possibilités limitées. Les systèmes compatibles avec la norme POSIX[15] proposent à leurs utilisateurs une famille de constructions de la forme « `[:`*class*`:]` » que l'on utilise à l'intérieur d'une classe de caractères, où *class* est un mot de 5 lettres pouvant prendre différentes valeurs. Nous nous limiterons ici à **`alpha`**, mais il y en a bien d'autres. « **`[[:alpha:]]`** » est une classe de caractères qui correspond à toutes les lettres de l'alphabet spécifié par les préférences linguistiques de l'utilisateur. Ainsi, on pourrait utiliser

```
/[[:alpha:]]+/
```

14. Dans Perl, cela implique d'utiliser **`use locale`**. Dans Python, il faut utiliser l'option **`re.UNICODE`** de la fonction **`compile()`**, voir page 91. Pour les autres langages, tout se fait automatiquement.

15. POSIX, *Portable Operating System Interface* (« interface portable de systèmes d'exploitation »), est une série de normes décrivant comment un système d'exploitation de type Unix doit se comporter, tant au niveau des bibliothèques disponibles que des outils standards.

pour représenter spécifiquement un mot dans la langue de l'utilisateur. Malheureusement, cette syntaxe n'est disponible que pour Perl, le C/POSIX et dans Sed et Grep.

c. Unicode

L'idéal, c'est bien sûr d'utiliser les classes de caractères définies par la norme Unicode[16]. Java, Perl et le C# permettent de les utiliser au moyen de la syntaxe « `\p{classe}` », où `classe` peut être n'importe laquelle des classes définies dans la base de données de caractères unicodes[17]. « `\p{Sc}` » représente par exemple les symboles indiquant une monnaie, « `\p{L}` », les lettres, etc. Si vous souhaitez une portabilité parfaite d'un environnement linguistique à un autre, c'est là qu'il faudra chercher.

Récapitulons : les modificateurs

Nous allons maintenant récapituler les modificateurs que nous avons rencontrés et leurs équivalents dans les différents langages. Nous avons porté dans un tableau chacun d'eux, en donnant leur signification et la page s'y référant. Le second tableau présente leurs équivalents dans différents langages. Vous devrez consulter leurs documentations spécifiques pour savoir exactement comment les utiliser. Le modificateur `g` est spécial, nous n'en parlons pas ici ; nous détaillerons dans le chapitre suivant les constructions qui l'utilisent. ✖ signifie que les modificateurs sont absents de ces implémentations.

Perl	Signification	Page
`i`	Ignorer la casse	48
`s`	« `.` » correspond à `"\n"`	70
`m`	Débuts et fins de ligne avec « `$` » et « `^` »	71
`x`	Mettre des commentaires	67

16. Voir `www.unicode.org` pour plus d'informations.
17. Vous trouverez tous les détails sur la page
`http://www.unicode.org/Public/UNIDATA/UCD.html`

Perl	Java	C#	Python	C	Grep
`i`	`CASE_INSENSITIVE`	`IgnoreCase`	`re.IGNORECASE`	`REG_ICASE`	`-i`
`s`	`DOTALL`	`Singleline`	`re.DOTALL`	implicite[18]	✖
`m`	`MULTILINE`	`Multiline`	`re.MULTILINE`	`REG_NEWLINE`	✖
`x`	`COMMENTS`	`IgnorePatternWhitespace`	`re.VERBOSE`	✖	✖

18. Dans l'implémentation du C que nous avons choisie, le modificateur `s` est utilisé implicitement sauf si le paramètre `REG_NEWLINE` est passé.

CHAPITRE 5

Syntaxe dans dix langages

Au contraire du chapitre précédent, où nous avons utilisé Perl comme langage de référence, nous allons maintenant détailler quelques exemples sur une sélection de dix langages. Vous y apprendrez quelles bibliothèques il faut utiliser et quels objets ou fonctions implémentent les expressions régulières. Nous vous montrerons dans chacun de ces langages comment vérifier si une chaîne correspond à une expression régulière, comment réutiliser les groupes capturés, comment progresser dans une chaîne pour trouver toutes les correspondances non coïncidentes d'une expression et enfin comment effectuer des remplacements.

Pour illustrer ces notions, nous avons implémenté dans les dix langages un exemple complet dont voici la motivation : une association a décidé de saisir toutes les informations sur ses adhérents dans une base de données. Elle a confié cette tâche à un stagiaire américain qui l'a très bien accomplie, au détail près qu'il a tapé toutes les dates (comme les dates de naissance et d'adhésion) au format américain, soit « mois-jour-année ». Depuis, les secrétaires de l'association se trompent systématiquement : il est urgent de les convertir dans un format plus habituel pour des Français, comme « jour.mois.année ».

En tant qu'adhérent de cette association, vous avez décidé de prendre vous-même en charge la conversion. Vous commencez par exporter la base de données dans un format texte, comme :

```
"Fourmond:Sophie:07-28-2004:02-14-2005:etc."
```

À l'aide d'un petit programme utilisant des expressions régulières, il est facile de modifier ce fichier texte pour ensuite le réimporter dans la base de données.

Nous vous proposons pour chaque langage un programme complet qui

- vérifie la présence de dates dans la chaîne précédente ;
- les affiche et en extrait les années ;
- effectue la conversion en format français.

Nous nous contenterons de vous présenter pour chaque langage le minimum pour être opérationnel ; lorsque vous aurez utilisé un certain nombre de fois ces éléments, vous serez plus à même d'appréhender les particularités des expressions régulières dans votre langage.

Pour réduire la taille du code au strict minimum, nous n'avons pas pris en charge les systèmes de codage ; c'est pourquoi les programmes sont dépourvus d'accents.

5.1 Perl

C'est dans Perl que les expressions régulières sont les plus simples à manipuler, car elles font partie intégrante du langage. On n'utilise ni objets ni fonctions[1] : toutes les actions s'effectuent au moyen de l'opérateur « =~ ».

a. Les opérations élémentaires

Effectuer un test

Pour vérifier si une chaîne contient une correspondance d'une expression régulière, on utilise la construction suivante :

```
if($chaine =~ /\d+/){
  print "Il y a un nombre dans la chaine\n";
}
```

Les groupes capturés

On les utilise à l'aide des variables « `$1` », « `$2` », etc., comme dans ce code affichant le premier nombre de `$chaine` :

1. La fonction `split` en prend cependant en argument.

```
if($chaine =~ /(\d+)/) {
  print "Le premier nombre vaut $1\n";
}
```

La variable `$&` contient la correspondance entière.

Pour plus de confort, on peut aussi directement affecter le contenu des groupes capturés à des variables, comme dans

```
($heures,$minutes) = ($chaine =~ /(\d+)h(\d+)/);
```

`$heures` contient le premier groupe capturé et `$minutes` le deuxième. Cette manière de procéder présente l'avantage de rendre le code plus lisible.

Les progressions

On peut effectuer une progression dans Perl au moyen du modificateur `g`. Quand on l'utilise en contexte scalaire[2], il permet d'indiquer à Perl de conserver, dans une variable cachée associée à la chaîne, la position de fin de la dernière correspondance trouvée dans la chaîne. On peut donc utiliser une boucle `while` pour parcourir toutes les correspondances dans une chaîne, comme dans le code suivant qui affiche tous les nombres d'une chaîne :

```
while($chaine =~ /(\d+)/g) {
  print "Un nombre: $1\n";
}
```

Cette construction est particulièrement efficace pour traiter rapidement des correspondances successives.

Au contraire, si l'on affecte le résultat d'une telle construction à une liste, comme dans

```
@liste = ($chaine =~ /(\d+)h(\d+)/g);
```

Perl remplit la liste avec les groupes capturés de toutes les correspondances trouvées dans la chaîne, en commençant par tous les groupes capturés de la première correspondance, puis

2. C'est-à-dire si on ne demande pas explicitement une liste comme résultat de l'opérateur « `=~` ». En particulier, ceci exclut les constructions du type `($heures,$minutes) = ($chaine =~ /(\d+)h(\d+)/g);`.

tous ceux de la seconde, etc[3]. Ainsi, après le code précédent, `@liste` contient une liste de nombres de la forme : heures, minutes, heures, minutes, etc.

Les remplacements

Pour effectuer un remplacement dans une chaîne, il suffit d'invoquer l'opérateur « `=~` » sur la chaîne avec en second membre une des constructions que nous avons déjà rencontrées, comme `s/chat/chien/` ou `s/␣+/␣/g`. Ainsi, le code suivant remplace tous les espaces de `$chaine` par `"espace"` :

```
$chaine =~ s/\s/espace/g;
```

Le texte de remplacement peut contenir `$1` et ses confrères pour faire référence aux groupes capturés. La chaîne est modifiée directement.

b. Le code

Nous sommes maintenant à même d'écrire le code du programme. Nous avons choisi d'utiliser la construction avec une boucle `while` et le modificateur `g`, car c'est la plus générale.

```
#!/usr/bin/perl
$chaine= "Fourmond:Sophie:07-28-2004:02-14-2005:";
print "Chaine initiale: $chaine\n";
# On verifie qu'il y a des dates:
if(! $chaine =~ /(\d{2})-(\d{2})-(\d{4})/) {
    die "Pas de date. \n";}
while($chaine =~ /(\d{2})-(\d{2})-(\d{4})/g) {
# On affiche la correspondance, stockee dans $&:
    print "Date trouvee: $&\n";
# On extrait l'annee et on l'affiche:
    print "Annee: $3\n";
}
# On effectue le remplacement dans $chaine
$chaine =~ s/(\d{2})-(\d{2})-(\d{4})/$2.$1.$3/g;
print "Chaine finale: $chaine\n";
```

3. S'il n'y a pas de parenthèses capturantes, tout se passe comme si l'expression entière était dans un groupe capturé.

5.2 JavaScript

JavaScript présente une syntaxe relativement proche de celle de Perl. On manipule les expressions régulières à travers deux objets :

- l'objet `RegExp` est une expression régulière proprement dite ;
- l'objet `String`, qui représente les chaînes de caractères, fournit un certain nombre de méthodes liées aux expressions régulières.

La manière la plus simple de créer une expression régulière est d'utiliser la construction suivante, très proche de Perl :

```
var re = /<tt>.*?<\/tt>/i;
```

Les modificateurs se placent à droite du dernier délimiteur, comme dans Perl.

Il faut être particulièrement prudent quand on utilise des expressions régulières en JavaScript ; en effet, les implémentations varient sensiblement d'un navigateur à un autre. Le programme que nous vous présentons a été testé avec la plupart des navigateurs actuels.

a. Les opérations élémentaires

Effectuer un test

On utilise la méthode `test()` d'un objet `RegExp` :

```
if(re.test(adresse))
  alert("L'adresse est valide");
```

Les groupes capturés

Pour réutiliser un groupe capturé, le plus simple est d'employer la méthode `exec()` d'un objet `RegExp`. Si elle trouve une correspondance, elle retourne un tableau contenant les groupes capturés, l'index 0 du tableau représentant la correspondance en entier. Dans le cas contraire, l'objet retourné est vide.

```
var m = /(\d+)h(\d+)/.exec(chaine);
```

```
document.write("Horaire trouvé: " + m[0]);
document.write("Dont l'heure est: " + m[1]);
```

Les progressions

Il n'est pas aisé d'effectuer des progressions en JavaScript. Il est en revanche assez facile d'extraire toutes les correspondances dans une chaîne. On utilise pour cela la méthode `match()` de la chaîne et une expression compilée avec le modificateur g. Cette méthode prend une expression régulière en argument et retourne la liste de toutes les correspondances ; les groupes capturés sont ignorés. On peut ensuite parcourir ce tableau :

```
var m = chaine.match(/(\d+)h(\d+)/g);
for(var i =0;i<m.length;i++)
  document.write("Horaire trouvé: " + m[i]);
```

Si vous avez réellement besoin d'effectuer une progression, il faut utiliser des constructions plus complexes s'appuyant sur la méthode `substr()` des chaînes et sur la propriété `lastIndex` des expressions régulières.

Enfin, il faut éviter de réutiliser une expression régulière compilée avec le modificateur `g` qui a déjà subi un `exec()` ; ses variables internes changent de manière imprévisible d'un navigateur à l'autre.

Les remplacements

On utilise la méthode `replace` d'une chaîne de caractères (objet `String`). Celle-ci renvoie une version modifiée de la chaîne sans toucher à l'original. Elle prend deux arguments, une expression régulière et le texte de remplacement. Ce dernier peut contenir des constructions comme « `$1` », etc., pour représenter les groupes capturés.

Si l'expression régulière est compilée avec le modificateur `g`, toutes les correspondances sont remplacées ; dans le cas contraire, seule la première l'est. Le code suivant copie dans `chaine2` une version de `chaine` dans laquelle tous les nombres sont préfixés par `"Nombre:␣"` :

```
chaine2 = chaine.replace(/(\d+)/g,"Nombre: $1");
```

b. Le code

Nous avons utilisé l'objet `re` trois fois : pour le test initial, pour extraire toutes les correspondances de la chaîne et pour le remplacement. Puisque `match()` ne permet pas d'accéder aux groupes capturés, nous avons utilisé une autre expression régulière sur chaque correspondance pour en extraire les années.

```
<html><title>JavaScript</title>
<body><script language="JavaScript">
var chaine = "Fourmond:Sophie:"+
             "07-28-2004:02-14-2005:";
var re = /(\d{2})-(\d{2})-(\d{4})/g;
document.write("Chaine initiale: "+chaine+"<p>");
if(! re.test(chaine))
  alert("Pas de dates !");
var m = chaine.match(re);
for(var i =0;i<m.length;i++) {
  document.write("Date trouvee: "+
                 m[i]+"<br>");
  var Info = /(\d{2})-(\d{2})-(\d{4})/.exec(m[i]);
  document.write("Annee: " + Info[3] + "<br>");
}
var chaineFinale = chaine.replace(re,"$2.$1.$3");
document.write("<p>Chaine finale: "+chaineFinale);
</script></body></html>
```

5.3 PHP

PHP possède différentes implémentations d'expressions régulières, dont une dite « compatible avec Perl »[4]. C'est celle que nous allons décrire. On l'utilise à l'aide de fonctions dont le nom commence par `preg_`[5].

4. Dans une certaine mesure, mais cela concerne des fonctionnalités qui n'ont pas été détaillées dans ce livre.

5. Pour *Perl regular expression.*

Comme dans Perl, les expressions sont délimitées par des barres obliques, les modificateurs éventuels se plaçant à droite de la seconde. À la grande différence de Perl, il faut en plus les inclure dans des chaînes de caractères. Nous vous conseillons à cet effet d'utiliser les chaînes entre apostrophes (') pour éviter d'avoir à doubler les antislashs.

a. Les opérations élémentaires

Effectuer un test

On utilise la fonction `preg_match` ; elle prend deux arguments obligatoires : une expression régulière et la chaîne dans laquelle on effectue la recherche. Elle retourne 0 si elle n'a pas trouvé de correspondance et 1 dans le cas contraire :

```
if(preg_match('/(\d+)h(\d+)/', $chaine)) {
  print "La chaine contient des heures";
}
```

Les groupes capturés

La fonction `preg_match` accepte en outre trois paramètres optionnels. On utilise le troisième paramètre pour passer un tableau que la fonction remplit avec les groupes capturés, l'index 0 recevant la correspondance en entier :

```
if(preg_match('/(\d+)h(\d+)/',$chaine,$infos))
  print "Un horaire: " + $infos[0] + " son heure "
          + $infos[1];
```

Les progressions

Les deux paramètres restants sont intéressants pour effectuer des progressions. Le quatrième permet de passer un certain nombre d'options séparées par des `|`. S'il contient `PREG_OFFSET_CAPTURE`, les informations retournées dans le tableau sont plus évoluées : en lieu et place du texte capturé on trouvera un tableau contenant le texte capturé et la position dans la chaîne du premier caractère du texte capturé.

En combinant ces informations avec la possibilité de passer en cinquième argument la position dans la chaîne où la recherche doit débuter, on peut proposer une manière d'écrire une progression :

```
$depart = 0;
while(preg_match('/(\d+)h(\d+)/',$chaine,$infos,
                 PREG_OFFSET_CAPTURE, $depart)) {
  print "Heure :". $infos[0][0];
  $depart = $infos[0][1] + strlen($infos[0][0]);
}
```

On utilise la variable `$depart` pour conserver l'endroit où la dernière correspondance s'est arrêtée. On doit la mettre à jour à chaque itération de la boucle en lui assignant la position de la correspondance augmentée de sa longueur.

Comme cette construction est un peu lourde, nous avons préféré utiliser la fonction `preg_match_all` qui accepte les mêmes arguments que `preg_match` mais qui recherche d'un seul coup toutes les correspondances non coïncidentes dans la chaîne et les stocke dans le troisième argument. Celui-ci contient ensuite un tableau à deux dimensions dont l'organisation dépend du quatrième paramètre :

- s'il contient `PREG_PATTERN_ORDER`, `$tableau[`i`][`j`]` est le i-ième groupe capturé de la j-ième correspondance ;
- si au contraire, il contient `PREG_SET_ORDER`, on trouve dans `$tableau[`i`][`j`]` le j-ième groupe capturé de la i-ième correspondance.

Après le code suivant, `$infos[0]` contient la liste de tous les horaires de `$chaine`, `$infos[1]`, la liste de leurs heures et `$infos[2]`, celle de leurs minutes.

```
preg_match_all('/(\d+)h(\d+)/',$chaine,$infos,
               PREG_PATTERN_ORDER);
```

Les remplacements

On utilise la fonction `preg_replace` pour effectuer des remplacements. Elle prend trois paramètres, plus un optionnel :

- l'expression régulière ;

- la chaîne de remplacement ;
- la chaîne dans laquelle effectuer le remplacement ;
- éventuellement un nombre maximum de remplacements à effectuer ; si celui-ci est omis, preg_replace remplace tout.

preg_replace ne modifie pas la chaîne originale, mais retourne la version modifiée :

```
$chaine2 = preg_replace('/(.)/','$1$1',$chaine);
```

b. Le code

Nous avons utilisé preg_match_all pour extraire toutes les correspondances et leurs groupes capturés de la chaîne. Nous avons employé la fonction array_walk pour parcourir les correspondances et en afficher les données.

```
<html><title>PHP</title><body><?php
// La fonction pour afficher les informations:
function afficheDate($tableau) {
  print "Date trouvee: ".$tableau[0]."<br>\n";
  print "Annee: ".$tableau[3]."<br>\n";
}

$chaine= "Fourmond:Sophie:07-28-2004:02-14-2005:";
print "Chaine initiale: $chaine<p>\n";
if(! preg_match('/\d{2}-\d{2}-\d{4}/',$chaine)) {
  print "Pas de dates !"; }

preg_match_all('/(\d{2})-(\d{2})-(\d{4})/',
               $chaine,$infos, PREG_SET_ORDER);

array_walk($infos, afficheDate);
// On effectue maintenant le remplacement:
$chaineF=preg_replace('/(\d{2})-(\d{2})-(\d{4})/',
                      "$2.$1.$3", $chaine);
print "<p>Chaine finale: $chaineF";
?></body></html>
```

5.4 Java

En Java, les expressions régulières sont implémentées au moyen de deux classes :

- `java.util.regex.Pattern`, une expression régulière ;
- `java.util.regex.Matcher`, l'objet qui permet d'effectuer des recherches dans une chaîne.

Il ne faut pas oublier d'inclure dans votre code les lignes suivantes pour avoir accès aux expressions régulières :

```
import java.util.regex.Pattern;
import java.util.regex.Matcher;
```

On construit une expression régulière au moyen de la fonction `Pattern.compile()` :

```
Pattern re = Pattern.compile("(\\d+)");
```

Puisque les chaînes entre guillemets américains sont interprétées par le compilateur Java avant d'être passées aux fonctions responsables des expressions régulières, il faut doubler les antislashs.

On peut passer un certain nombre d'options séparées par des | en deuxième argument à `compile()` ; elles sont les équivalents des modificateurs de Perl[6].

a. Les opérations élémentaires

À chaque fois que l'on veut effectuer une recherche au moyen d'une expression régulière dans une chaîne, il faut créer un objet `Matcher` associé à l'expression régulière et à la chaîne de la manière suivante :

```
Matcher match = re.matcher(chaine);
```

où `re` est un objet `Pattern` créé comme ci-dessus et `chaine` la chaîne dans laquelle on souhaite effectuer la recherche.

6. Voir page 74 les correspondances avec ceux de Perl.

Effectuer un test

Une fois l'objet `Matcher` créé, sa méthode `find()` permet de vérifier si une chaîne correspond :

```
if(match.find()) {
  System.out.println("Il y a une correspondance");
}
```

Les groupes capturés

Après une recherche fructueuse, la méthode `group()` de l'objet `Matcher` donne accès aux groupes capturés ; elle prend en argument le numéro du groupe (0 désigne la correspondance en entier). On peut ainsi compléter le code précédent en

```
if(match.find()) {
  System.out.println("Il y a une correspondance:"
      + match.group(0));
  System.out.println("Premier groupe capturé: "+
      match.group(1));
}
```

Les progressions

La classe `Matcher` garde en mémoire la position dans la chaîne ; plusieurs appels d'affilée à sa méthode `find()` permettent donc de trouver les correspondances non coïncidentes successives de l'expression régulière dans la chaîne. Une boucle `while` permet de les trouver toutes :

```
while(match.find()) {
  System.out.println("Une correspondance: "+
      match.group(0));
}
```

Pour revenir à zéro dans la progression d'une chaîne, il faut appeler la méthode `reset()` de la classe `Matcher` utilisée.

Les remplacements

Pour effectuer des remplacements, on utilise les méthodes `replaceFirst()` et `replaceAll()` des classes `Matcher`. Elles prennent un seul argument : le texte de remplacement, qui peut contenir des $\$n$ pour utiliser les groupes capturés.

La première se contente de remplacer la première correspondance ; la dernière les remplace toutes. Toutes deux retournent une version modifiée de la chaîne sans toucher à l'original.

```
Pattern nombres = Pattern.compile("\\d+");
Matcher match = nombres.matcher(chaine);
String chaine2 = match.replaceAll("");
```

b. Le code

Nous avons utilisé une seule classe `Matcher` : `match`, qu'il faut remettre à zéro avant de commencer l'extraction des dates de la chaîne.

```
import java.util.regex.Pattern;
import java.util.regex.Matcher;

class Java {
public static void main (String args[]) {
  String chaine= "Fourmond:Sophie:07-28-2004:"+
      "02-14-2005:";
  System.out.println("Chaine initiale: "+chaine);
  // On compile l'expression utilisee:
  Pattern dates = Pattern.
      compile("(\\d{2})-(\\d{2})-(\\d{4})");
  // match est l'objet qui effectue la recherche.
  Matcher match = dates.matcher(chaine);
  // On verifie qu'il y a des dates dans chaine:
  if(! match.find())
      System.out.println("Pas de dates !");
  match.reset(); // On remet match a zero
```

```
  while(match.find()) {
    System.out.println("Date trouvee: " +
                          match.group(0));
    System.out.println("Annee: "+ match.group(3));
  }
  String chaineF = match.replaceAll("$2.$1.$3");
  System.out.println("Chaine finale: "+chaineF);
}}
```

5.5 C#

Les fonctionnalités des expressions régulières sont accessibles dans l'espace `System.Text.RegularExpressions`. Il fournit toute une série de classes liées à leur utilisation. Nous nous intéresserons uniquement à `Regex` et à `Match`. Pour utiliser les expressions régulières, n'oubliez pas d'ajouter la ligne suivante au début de votre code :

```
using System.Text.RegularExpressions;
```

Les expressions régulières proprement dites sont incarnées par la classe `Regex`. On les construit de la manière suivante :

```
Regex re = new Regex("(\\d+)");
```

La même recommandation que pour Java s'applique à propos des antislashs : n'oubliez pas de les doubler systématiquement.

De même qu'en Java, le constructeur `Regex()` accepte une série d'options séparées par des `|` en second argument ; reportez-vous à la page 74 pour leurs équivalences avec les modificateurs de Perl.

a. Les opérations élémentaires

Effectuer un test

Une fois que l'on a initialisé une classe `Regex`, on peut vérifier si un texte lui correspond à l'aide de la méthode `IsMatch()`. Le code suivant permet de vérifier que la chaîne `chaine` comporte au moins un nombre :

```
if(re.IsMatch(chaine))
  Console.WriteLine("Il y a un nombre.");
```

Les groupes capturés

La méthode `Regex.Match()` retourne une classe `Match`. Elle contient un tableau `Groups` dans lequel sont rassemblés les groupes capturés : la correspondance entière est à l'index 0, le premier groupe à l'index 1, etc. Le code suivant permet d'afficher le premier nombre trouvé dans `chaine` :

```
Match m = re.Match(chaine);
if(m.Success)
  Console.WriteLine("Nombre :" + m.Groups[1]);
```

Ce code appelle un commentaire : la propriété `Success` de la classe `Match` nous indique si la recherche a été fructueuse. Nous allons nous en servir dans un instant.

Les progressions

Une fois qu'une première recherche a été effectuée dans une chaîne, on peut trouver les correspondances suivantes de l'expression régulière au moyen de la méthode `NextMatch()` de la classe `Match`. On peut ainsi modifier le code précédent pour afficher tous les nombres d'une chaîne :

```
Match m = re.Match(chaine);
while(m.Success) {
  Console.WriteLine("Nombre :" + m.Groups[1]);
  m = m.NextMatch();
}
```

Les remplacements

Pour effectuer un remplacement, on utilise la méthode `Replace()` de la classe `Regex`. Elle prend deux arguments[7] : la chaîne dans laquelle effectuer les remplacements et le texte de remplacement de chaque correspondance. La méthode retourne une chaîne dans laquelle les remplacements ont été effectués et la chaîne initiale est inchangée. Par exemple, le

7. Elle en prend éventuellement un troisième, le nombre maximal de correspondances à remplacer. S'il est absent, tout est remplacé.

code suivant affecte à chaine2 le contenu de chaine, privé de ses nombres :

```
String chaine2 = re.Replace(chaine,"");
```

b. Le code

La ligne using System ; est nécessaire pour l'utilisation de la méthode Console.WriteLine(). L'objet date contient l'expression régulière ; m contient l'objet Match qui nous permet de parcourir les correspondances dans chaine.

```
using System;
using System.Text.RegularExpressions;

public class ExpReg {
public static void Main()
{
  string chaine = "Fourmond:Sophie:07-28-2004:"+
    "02-14-2005:";
  Console.WriteLine("Chaine initiale: " +chaine);
  // On compile l'expression reguliere date
  Regex date = new
    Regex("(\\d{2})-(\\d{2})-(\\d{4})");
  // On verifie si la chaine contient des dates:
  if(! date.IsMatch(chaine))
    Console.WriteLine("Pas de dates !");
  // On initialise la boucle
  Match m = date.Match(chaine);
  while(m.Success) {
    Console.WriteLine("Date trouvee: " +
       m.Groups[0] + "\nAnnee: "+ m.Groups[3]);
    m = m.NextMatch();
  }
  // On effectue le remplacement:
  string chaineF=date.Replace(chaine,"$2.$1.$3");
  Console.WriteLine("Chaine finale: "+ chaineF);
}
}
```

5.6 Python

On accède aux expressions régulières dans Python par le module `re` ; tout programme Python utilisant les expressions régulières doit donc comporter la ligne

```
import re;
```

On crée une expression régulière à l'aide de la fonction `re.compile()` :

```
expression = re.compile(r"\d+");
```

À l'instar de Java et du C#, cette fonction prend aussi des arguments optionnels séparés par des | (voir page 74).

Nous vous conseillons d'utiliser les chaînes de caractères « brutes »[8], introduites par un `r` avant les guillemets. De cette manière, il n'est pas nécessaire de doubler les antislashs de la chaîne.

a. Les opérations élémentaires

Effectuer un test

On peut réaliser un test élémentaire au moyen de la méthode `search()` d'une expression régulière ; cette fonction prend en argument la chaîne où il faut chercher. Par exemple, le code suivant détecte la présence de nombres hexadécimaux à l'assembleur[9] dans une chaîne :

```
nombresHexa = re.compile(r"\b(\d[\dA-Fa-f]*)h\b")
if nombresHexa.search(chaine):
    print "Il y a des nombres hexadécimaux"
```

Les groupes capturés

La fonction `search()`, quand elle a trouvé une correspondance, retourne un objet. La méthode `group()` de cet objet permet l'accès aux groupes capturés : il suffit de lui passer en argument son numéro, 0 étant la correspondance entière.

8. *Raw* en anglais, dans la terminologie consacrée.
9. Voir l'exercice page 31.

Ainsi, dans l'exemple ci-dessus, on peut afficher le nombre hexadécimal trouvé au moyen de

```
m = nombresHexa.search(chaine)
if m:
    print "Nombre: " + m.group(1)
```

Les progressions

Il y a deux manières simples d'effectuer une progression avec Python. La première est d'utiliser un itérateur. La méthode `finditer()` des expressions régulières prend en argument une chaîne à parcourir et retourne un itérateur qui permet d'avancer dans cette chaîne. Sa méthode `next()` retourne le même type d'objet que `search()`. Il ne faut pas oublier de gérer les exceptions `StopIteration` pour sortir de la boucle. Le code suivant affiche tous les nombres hexadécimaux de `chaine` :

```
iterateur = nombresHexa.finditer(chaine)
try:
    while 1:
        m = iterateur.next();
        print "Nombre: " + m.group(1)
except StopIteration: pass
```

Nous verrons la deuxième méthode pour progresser dans une chaîne en étudiant les remplacements.

Les remplacements

La méthode `sub()` sert à effectuer des remplacements. Elle prend deux arguments : le premier est le texte de remplacement, pouvant éventuellement contenir des références aux groupes capturés, le deuxième est la chaîne où l'on doit effectuer le remplacement. `sub()` renvoie la chaîne modifiée ; la chaîne originale n'est pas touchée. Le code suivant supprime les nombres hexadécimaux de `chaine` :

```
chaine2 = nombresHexa.sub("",chaine)
```

On peut aussi utiliser une fonction en premier argument de `sub()` ; cette fonction est alors appelée à chaque correspondance trouvée dans la chaîne avec comme argument le même objet que celui renvoyé par `search()`. Une méthode élégante d'afficher tous les nombres hexadécimaux d'une chaîne est donc

```
def affiche(m):
    print "Nombre :" + m.group(1)
nombresHexa.sub(affiche, chaine)
```

b. Le code

Nous avons choisi d'implémenter la méthode avec des itérateurs pour trouver toutes les dates.

```
#!/usr/bin/python
import re;

chaine= "Fourmond:Sophie:07-28-2004:02-14-2005:"
print "Chaine initiale: " + chaine
# On compile l'expression que l'on va utiliser:
date = re.compile(r"(\d{2})-(\d{2})-(\d{4})");
if not date.search(chaine):
    print "Pas de dates ! "
# On cree un iterateur pour parcourir la chaine
iterator = date.finditer(chaine)
# On itere sur chaque cas:
try:
    while 1:
        m = iterator.next();
        print "Date trouvee: " + m.group(0)
        print "Annee: " +  m.group(3)
except StopIteration: pass
# On remplace tout :
chaineFinale = date.sub( r"\2.\1.\3", chaine)
print "Chaine finale: " + chaineFinale
```

5.7 C++/Qt

De très nombreuses bibliothèques d'expressions régulières sont disponibles pour le C++[10] ; nous avons choisi de nous intéresser à la classe QRegExp de Qt. Qt est une couche d'abstraction particulièrement réussie créée par Trolltech ; elle permet d'écrire des programmes graphiques qui compilent sans modifications sous Windows, Linux, Macintosh et d'autres plate-formes encore. Ses principaux attraits pour nous résident dans la liberté de son code[11] et la facilité de son utilisation.

Les deux classes impliquées dans l'utilisation des expressions sont `QRegExp`, une expression régulière, et `QString`, une chaîne de caractères. Il faut inclure l'en-tête `qregexp.h`, au moyen de la ligne

```
#include <qregexp.h>
```

Pour utiliser les expressions régulières dans Qt, il suffit de créer un objet `QRegExp`, de la manière suivante :

```
QRegExp taille("(\\d+)x(\\d+)");
```

Il ne faut pas oublier de doubler systématiquement les antislashs, puisque la chaîne de caractères est interprétée en premier par le compilateur C++.

Il n'y a pas d'équivalents pour Qt des modificateurs en Perl. La fonction `setCaseSensitive()` permet toutefois de choisir entre une recherche sensible ou insensible à la casse, suivant la valeur de son argument.

De plus, on ne peut pas ponctuellement utiliser de quantificateurs non avides ; cependant, on peut rendre *tous* les quantificateurs d'une expression régulière non avides à l'aide de la fonction `setMinimal()`.

10. On peut citer entre autres GRETA de Microsoft Research ou RegEx++ de Boost. De plus, les expressions régulières du C# sont aussi disponibles dans le C++ du projet .NET.

11. Le code pour Windows n'est pas encore libre ; cependant, Trolltech a annoncé que la prochaine version de Qt serait entièrement libre, y compris pour Windows.

a. Les opérations élémentaires

Effectuer un test

On utilise la fonction `search()` d'un objet `QRegExp` ; elle prend en argument la chaîne dans laquelle on doit effectuer la recherche et retourne un nombre différent de -1 si la recherche a été fructueuse :

```
if(taille.search(chaine) != -1)
  cout << "On a trouvé quelque chose !";
```

Les groupes capturés

Après un appel à `search()`, on peut récupérer les groupes capturés au moyen de la fonction `cap()` de l'objet `QRegExp`. Elle prend en argument le numéro du groupe capturé, 0 désignant la correspondance en entier.

```
if(taille.search(chaine) != -1)
  cout << "X :" << taille.cap(1)
       << "Y :" << taille.cap(2) << endl;
```

Les progressions

Pour effectuer une progression dans une chaîne, il faut garder dans une variable à part la position de la fin de la dernière correspondance trouvée. Appelons-la `depart`. La fonction `search()` peut prendre un second argument : la position où commencer la recherche dans la chaîne.

Les fonctions `pos()` et `matchedLength()` sont utiles pour mettre à jour `depart` après une recherche : la première retourne la position du premier caractère du groupe passé en argument, la deuxième donne la longueur totale de la correspondance. Il suffit d'affecter à `depart` la valeur de `pos(0)` plus celle de `matchedLength()` pour démarrer immédiatement après la dernière correspondance :

```
int depart = 0;
while(taille.search(chaine,depart) != -1) {
  cout << "X :" << taille.cap(1)
       << "Y :" << taille.cap(2) << endl;
  depart = taille.pos(0) + taille.matchedLength();
}
```

Les remplacements

Pour effectuer des remplacements, le plus simple est d'utiliser la fonction `replace()` d'un objet `QString` ; elle prend en argument une expression régulière et la chaîne de remplacement. Attention, cette fonction modifie la chaîne originale !

```
chaine.replace(taille, "\\2 x \\1");
```

b. Le code

Nous avons choisi d'utiliser les fonctions d'entrée/sortie standards de Qt, au moyen de la classe `QTextOStream`, pour démontrer la portabilité du code écrit en Qt.

```
#include <qregexp.h>
// On utilise les fonctions d'entrée/sortie de Qt:
#include <qtextstream.h>

int main()
{
  QRegExp re("(\\d{2})-(\\d{2})-(\\d{4})");
  QString chaine = "Fourmond:Sophie:07-28-2004:"
    "02-14-2005:";
  // On utilise la sortie standard Qt:
  QTextOStream out(stdout);// = cout avec iostream
  out << "Chaine initiale: " << chaine << endl;
  if(re.search(chaine) == -1)
    out << "Pas de dates !";
  int depart = 0;
  while (re.search(chaine, depart) != -1 ) {
    out << "Date trouvee: " << re.cap(0) << endl
        << "Annee: " << re.cap(3) << endl;
    // On met a jour depart
      depart = re.pos(0) + re.matchedLength();
    }
  // On effectue le remplacement:
  chaine.replace(re,"\\2.\\1.\\3");
  out << "Chaine finale: " << chaine << endl;
}
```

5.8 Emacs Lisp

Emacs est un éditeur de texte très puissant et extensible au moyen d'un langage de programmation interne, une variante du Lisp[12]. C'est une des figures de proue du projet GNU. On y utilise les expressions régulières au moyen d'une ribambelle de fonctions, dont `string-match` est la plus fondamentale ; nous en verrons quelques autres. Notons que l'on peut aussi utiliser les expressions régulières dans les fonctionnalités classiques de recherche de l'éditeur.

Le concept de modificateur n'existe pas dans Emacs ; on peut cependant affecter `t` à la variable `case-fold-search` pour ignorer la casse des caractères.

a. Les opérations élémentaires

Effectuer un test

On utilise la fonction `string-match` pour effectuer un test. Elle prend deux arguments : l'expression régulière et la chaîne[13] dans laquelle on souhaite effectuer la recherche. Elle retourne la position de la première correspondance ou `nil` s'il n'y en a pas.

```
(if (string-match "[0-9]+" chaine)
    (message "Il y a des nombres dans chaine !"))
```

Les groupes capturés

Après une recherche fructueuse, les groupes capturés sont renvoyés par la fonction `match-string`[14]. Elle prend en argument le numéro du groupe capturé (0 désigne comme d'habitude la correspondance entière) et la chaîne dans laquelle on a effectué la recherche[15].

12. Ce livre a d'ailleurs été composé avec l'aide précieuse d'Emacs et de ses expressions régulières.

13. Si la chaîne est omise, la recherche est effectuée dans le fichier en cours d'édition.

14. Ne pas la confondre avec la précédente !

15. Cet argument est très important, il ne faut pas l'oublier.

```
(if (string-match "\\([0-9]+\\)" chaine)
  (message "Il y a le nombre %s dans chaine !"
             (match-string 1 chaine)))
```

Les progressions

Comme pour le C++/Qt, il faut effectuer les progressions à la main, à l'aide d'un argument optionnel de `string-match` qui permet de spécifier la position du début de la recherche. La variable `depart` va nous servir à stocker la position où doit commencer la recherche suivante. Pour la mettre à jour à chaque itération, on peut utiliser la fonction `match-end` : elle prend en argument le numéro d'un groupe et renvoie la position de la lettre qui le suit immédiatement.

```
(setq depart 0)
(while (string-match "\\([0-9]+\\)" chaine depart)
  (message "Il y a le nombre %s dans chaine !"
             (match-string 1 chaine))
  (setq depart (match-end 0)))
```

Les remplacements

Pour effectuer des remplacements, on utilise la fonction `replace-regexp-in-string`. Celle-ci prend trois arguments obligatoires : l'expression régulière, le texte de remplacement et la chaîne dans laquelle effectuer le remplacement. Elle retourne une copie de la chaîne avec les remplacements. Pour doubler[16] tous les chiffres d'une chaîne, on peut utiliser le code

```
(replace-regexp-in-string "\\([0-9]\\)" "\\1\\1"
                                  chaine)
```

b. Le code

Pour gagner en place et en lisibilité, nous avons stocké dans la variable `re` la chaîne de l'expression régulière.

16. Au sens « doubler leurs caractères » : `"12"` devient `"1122"`.

```
(setq chaine "Fourmond:Sophie:07-28-2004:\
02-14-2005:")
(setq re "\\([0-9]\\{2\\}\\)-\\([0-9]\\{2\\}\
\\)-\\([0-9]\\{4\\}\\)")
(message "Chaine initiale: %s" chaine)
(if (not (string-match re chaine))
    (message "Pas une date !"))
;; depart est notre compteur.
(setq depart 0)
(while (string-match re chaine depart)
  (message "Date trouvee: %s"
           (match-string 0 chaine))
  (message "Annee: %s" (match-string 3 chaine))
  (setq depart (match-end 0))
  )
(setq chaineFinale (replace-regexp-in-string re
           "\\2.\\1.\\3" chaine))
(message "Chaine finale: %s" chaineFinale)
```

5.9 C/POSIX

De même qu'en C++, de nombreuses bibliothèques sont disponibles pour le C[17]. Nous avons choisi d'utiliser les expressions régulières du type POSIX, car ce sont celles sur lesquelles sont bâties les programmes Sed et Grep ; elles sont disponibles dans tout environnement Unix/Linux. Elles ne disposent d'une interface que pour la recherche ; les extractions de groupes capturés et les remplacements doivent être faits « à la main ». Trois fonctions sont utilisées :

- `regcomp` crée un objet de type `regex_t`. Elle prend comme arguments un pointeur vers l'objet créé, une chaîne de caractères qui représente l'expression régulière et des options séparées par des `|`, parmi lesquelles il faut absolument inclure `REG_EXTENDED`[18].

17. On peut citer entre autres PCRE utilisée par Python et PHP.
18. Voir page 74 pour les autres options.

- `regexec` effectue une recherche.
- `regfree` libère la mémoire allouée par `regcomp`.

Ces fonctions sont définies dans le fichier `regex.h` ; vos programmes doivent donc comporter la ligne

```
#include <regex.h>
```

On peut créer une expression pour rechercher des horaires comme suit :

```
regex_t RE;
regcomp(&RE,"([0-9]+)h([0-9]+)", REG_EXTENDED );
```

a. Les opérations élémentaires

Effectuer un test

La fonction `regexec` sert à réaliser des tests. Elle prend cinq arguments ; nous nous occuperons ici seulement des deux premiers, les trois autres seront laissés respectivement à `0`, `NULL` et `0`. Le premier est un pointeur vers l'objet `regex_t` qui contient l'expression régulière ; le deuxième est la chaîne de caractères dans laquelle on effectue la recherche. `regexec` retourne 0 si elle a trouvé une correspondance. On peut vérifier si une chaîne contient un horaire avec le code suivant :

```
if(regexec(&RE,chaine,0,NULL,0) == 0)
  printf("Il y a des horaires !\n");
```

Les groupes capturés

On peut accéder aux positions des groupes capturés au moyen des paramètres 3 et 4 de `regexec`. Le quatrième est un pointeur vers un tableau de structures `regmatch_t` dont le troisième indique la longueur. `regexec` place les informations sur le n-ième groupe capturé dans l'élément numéro n du tableau, l'élément 0 reçoit les informations sur la correspondance en entier.

`regmatch_t` contient deux membres :

- `rm_so`, l'indice du premier caractère du groupe ;

– `rm_eo`, l'indice de celui situé immédiatement après la fin du groupe.

En utilisant la fonction `strncat`[19], qui permet d'ajouter un certain nombre de caractères d'une chaîne à une autre, on peut extraire les correspondances. Il faut alors prévoir un tampon que l'on initialise pour que son premier caractère soit le caractère nul[20]. Ainsi, pour afficher le nombre des heures de l'horaire trouvé, on peut utiliser la construction suivante :

```
char tampon[100];/* Assez grand ! */
tampon[0] = 0;/* On met le premier caractere à 0*/
regmatch_t m[3]; /* 3 = la correspondance +
                        deux groupes */
if(! regexec(&RE,chaine,3,m,0)){
  printf("Il y a des horaires !\n");
  /* On copie le premier groupe */
  strncat(tampon,chaine + m[1].rm_so,
          m[1].rm_eo - m[1].rm_so);
  /* On affiche */
  printf("L'heure trouvee est %s\n",tampon);
}
```

C'est de très loin le langage dans lequel l'utilisation des groupes capturés est la moins aisée.

Les progressions

Comme dans Emacs et C++/Qt, il faut garder en mémoire la position où la dernière correspondance s'est arrêtée. On peut passer comme deuxième argument à `regexec` l'adresse de la chaîne plus cette position, pour que la recherche commence immédiatement après la correspondance précédente. Avant la boucle suivante, on met à jour la position en lui ajoutant le contenu de `rm_eo` pour la correspondance en entier. Dans l'exemple suivant, nous nous bornons à afficher la position de chacun des horaires dans la chaîne, afin de ne pas alourdir le code inutilement.

19. Sa définition est dans l'en-tête `strings.h`.
20. C'est un prérequis pour travailler avec la fonction `strncat()`.

```
regmatch_t m[3];
int depart = 0;
if(! regexec(&RE,chaine+depart,3,m,0)){
  printf("Horaire à la position %d !\n",
         m[0].rm_so+depart);
  /* On met à jour depart */
  depart += m[0].rm_eo;
}
```

Les remplacements

Les construction pour effectuer les remplacement sont encore plus lourdes, même si elles ne sont pas vraiment difficiles. On doit préparer la chaîne finale à la main : on copie la portion entre la correspondance précédente et le début de celle en cours à l'aide de `strncat()`. On prépare ensuite le texte de remplacement de la correspondance en extrayant les groupes capturés et en les combinant à l'aide de `sprintf()`[21], pour le copier à l'aide de `strcat()`, et ainsi de suite pour chaque correspondance, jusqu'à la dernière où il faut ajouter ce qu'il reste de la chaîne avec un ultime `strncat`.

Nous avons choisi de ne pas mettre d'exemple ici, ce serait trop long ; en revanche, nous avons utilisé cette technique dans le code. Nous vous conseillons, pour le C encore davantage que pour les autres langages, de partir de ce code pour construire les vôtres.

b. Le code

```
#include <stdio.h>
#include <strings.h>
#include <regex.h>

const char * chaine = "Fourmond:Sophie:07-28-2004"
":02-14-2005:";
char chaineFinale[200] = "";

int main()
```

21. Disponible dans `stdio.h`.

```
{
  char tampon[200];   char cap[3][30];
  regex_t RE;   regmatch_t m[4];
  int depart = 0;
  printf("Chaine initiale: %s\n",chaine);
  regcomp(&RE,"([0-9]{2})-([0-9]{2})-([0-9]{4})",
          REG_EXTENDED );
  /* On verifie la presence de dates */
  if(regexec(&RE,chaine,0,NULL,0))
     printf("Pas de dates !\n");
  while(! regexec(&RE,chaine+depart,4,
                  m,0))  {
    int i;
    /* On rajoute le 0 final dans tampon */
    tampon[0] = 0;
    /* On affiche les dates trouvees: */
    strncat(tampon,chaine+depart+m[0].rm_so,
           m[0].rm_eo - m[0].rm_so);
    printf("Date trouvee: %s\n",tampon);
    /* On ajoute tout ce qui a ete trouve avant la
       correspondance dans chaineFinale; on
       utilise strncat pour ne copier que les
       premiers caracteres et non toute la
       chaine. */
    strncat(chaineFinale, chaine+depart,
            m[0].rm_so);
    /* On copie les groupes captures dans cap: */
    for(i = 0; i< 3; i++){
      /* On cree une chaine vide finie par un zero
         dans cap[i]; c'est requis par strncat.*/
      cap[i][0] = 0;
      /* On copie avec strncat: */
      strncat(cap[i], chaine+depart+
              m[i+1].rm_so,m[i+1].rm_eo -
              m[i+1].rm_so);
    }
```

```
    /* Maintenant, cap[i] contient le i+1-ieme
       groupe capture:*/
    printf("Annee: %s\n",cap[2]);
    /* On prepare la chaine de remplacement dans
       tampon:*/
    sprintf(tampon,"%s.%s.%s",
            cap[1],cap[0],cap[2]);
    /* On la rajoute dans la chaine finale:*/
    strcat(chaineFinale,tampon);
    /* On met a jour depart */
    depart += m[0].rm_eo;
  }
  /* Finalement, on copie la fin de chaine dans
     chaineFinale: */
  strcat(chaineFinale, chaine+depart);
  printf("Chaine finale: %s\n",chaineFinale);
}
```

5.10 Grep et Sed

Abordons enfin Grep et Sed, deux utilitaires puissants du monde Unix/Linux qui manipulent des textes au moyen d'expressions régulières. Nous présentons ici un script shell[22] qui utilise ces deux commandes pour effectuer la même tâche que tous les autres programmes jusqu'à présent. Il faut savoir que, s'ils sont très pratiques pour rechercher des correspondances dans un texte ou y effectuer des remplacements, ils ne sont en revanche pas du tout prévus pour effectuer des progressions ni, dans une moindre mesure, pour utiliser des groupes capturés.

Il y a, de plus, une limitation sérieuse à Grep et Sed : ils travaillent ligne par ligne. Ils sont par conséquent incapables de trouver des correspondances qui s'étendent sur plusieurs lignes, que ce soit dans un fichier ou dans une variable.

22. Nous avons utilisé `bash` ; la syntaxe serait légèrement différente avec d'autres shells, comme `zsh` ou `csh`.

Les modificateurs se présentent pour Grep et Sed sous la forme d'options de la ligne de commande (voir page 74).

Enfin, nous vous recommandons d'utiliser uniquement des chaînes entre apostrophes pour éviter toute interprétation par le shell.

a. Les opérations élémentaires

Effectuer un test

On peut vérifier la présence d'une correspondance d'une expression régulière dans un fichier ou dans une variable, au moyen de `grep`, ou plutôt `egrep`[23]. Attention, par défaut `egrep` affiche les lignes où il y a des correspondances ; il faut lui passer l'option `-q`[24] pour éviter cela. Le code suivant teste la présence d'un nombre dans `$chaine` :

```
if echo $chaine | egrep -q '[0-9]+'; then
echo "Il y a des nombres !";fi
```

Les remplacements

Sed permet d'effectuer des remplacements avec une syntaxe très proche de celle de Perl, si ce n'est qu'il faut utiliser des antislashs au lieu des dollars pour utiliser les groupes capturés. `\0` représente la correspondance en entier, `\1` le premier groupe, etc. La commande suivante permet d'afficher en double tous les nombres de `$chaine` ; il faut passer l'option `-r` à `sed`, qui permet de sélectionner les expressions régulières étendues (comme `egrep`)

```
echo $chaine | sed -r 's/([0-9]+)/\1\1/g'
```

Les progressions et les groupes capturés

L'option `-o` de `egrep`[25] permet d'afficher toutes les correspondances trouvées, chacune sur une ligne distincte ; on peut ensuite utiliser `sed` pour récupérer tout ou partie de ces infor-

---

23. `egrep` est un raccourci pour `grep -E`. Cette option correspond exactement au `REG_EXTENDED` du C.

24. Pour *quiet*, silencieux en anglais.

25. Elle n'est malheureusement disponible que sur les versions postérieures à 2.5, qui date du 13 mars 2002.

mations. Cependant, si l'on a réellement besoin de les stocker dans des variables, ce n'est guère aisé. La solution la plus simple est d'envoyer la sortie de `egrep` vers un fichier, en prenant bien soin de faire précéder, au moyen de `sed`, tous les espaces par des antislashs. Ensuite, on peut lire ce fichier ligne par ligne à l'aide de la commande `read` de `bash`. C'est une construction lourde et peu élégante : si vous en avez besoin, c'est probablement signe qu'il faut passer à d'autres langages plus adaptés, comme Perl.

Les usages plus courants de Sed et Grep

On utilise généralement Grep pour rechercher des textes plus ou moins précis dans une série de fichiers. La commande suivante permet par exemple de rechercher dans le répertoire courant et tous ses sous-répertoires (option `-r`) des lignes qui commencent par `#include` :

```
egrep -r '^#include' .
```

Sed permet d'effectuer toutes sortes de remplacements, que ce soit dans des scripts, pour modifier des variables (par exemple des noms de fichiers), ou sur des fichiers, comme la commande suivante, qui remplace tous les horaires du style `"12h34"` en `"12:34"` :

```
sed -r 's/([0-9]+)h([0-9]+)/\1:\2/g' f.old > f.new
```

Si `$fichier` contient le nom d'un fichier PDF, qui finit par `.pdf`, le code suivant affecte à `$ps` le même nom, mais terminé par `.ps` :

```
ps=`echo $fichier | sed 's/\.pdf$/.ps/'`
```

b. Le code

Nous avons stocké la chaîne de l'expression régulière dans la variable `$re`, pour éviter de la répéter. La première ligne utilisant `sed` permet d'afficher d'une part la date trouvée, soit `\\0`, d'autre part l'année, `\\3`. Nous avons dû doubler les antislashs, puisque la chaîne est entre guillemets américains.

Cette ligne maintient l'illusion que tout se passe comme dans les autres langages, alors que ce n'est pas tout à fait le cas.

```
#!/bin/sh

chaine="Fourmond:Sophie:07-28-2004:02-14-2005:"
echo "Chaine initiale: $chaine"
re='([0-9]{2})-([0-9]{2})-([0-9]{4})'
if ! echo $chaine | egrep -q $re ; then
echo Pas de dates !;fi
echo $chaine |egrep -o $re |
sed -r "s/$re/Date trouvee: \\0\nAnnee: \\3/g";
chaineFinale=`echo $chaine|
sed -r "s/$re/\\2.\\1.\\3/g"`
echo "Chaine finale: $chaineFinale"
```

Félicitations ! Vous savez maintenant construire et utiliser des expressions régulières. Vous pouvez dès à présent les incorporer à vos codes pour les rendre plus généraux, plus simples et plus performants. Vous continuerez à progresser en pratiquant.

Puisqu'il n'est pas facile de détecter des erreurs dans des expressions régulières, nous avons rassemblé dans l'annexe B (page 122) quelques conseils pour vous tirer des mauvais pas.

Si vous avez besoin d'aller plus loin, la documentation de votre langage devrait dorénavant être beaucoup plus claire. Enfin, les éditions O'Reilly proposent d'excellents ouvrages qui couvrent exhaustivement les expressions régulières.

Bon amusement !

<table>
<tr><th>Perl</th><th>Javascript</th><th>PHP</th><th>Java</th><th>C#</th><th>Python</th><th>C++</th><th>Emacs</th><th>C</th><th>Grep/Sed</th><th>Page</th></tr>
<tr><td colspan="11">Un caractère</td></tr>
<tr><td>.</td><td>.</td><td>.</td><td>.</td><td>.</td><td>.</td><td>.</td><td>.</td><td>.</td><td>.</td><td>19</td></tr>
<tr><td>[0-9]</td><td>[0-9]</td><td>[0-9]</td><td>[0-9]</td><td>[0-9]</td><td>[0-9]</td><td>[0-9]</td><td>[0-9]</td><td>[0-9]</td><td>[0-9]</td><td>20</td></tr>
<tr><td>[a-z]</td><td>[a-z]</td><td>[a-z]</td><td>[a-z]</td><td>[a-z]</td><td>[a-z]</td><td>[a-z]</td><td>[a-z]</td><td>[a-z]</td><td>[a-z]</td><td>20</td></tr>
<tr><td>[A-Z]</td><td>[A-Z]</td><td>[A-Z]</td><td>[A-Z]</td><td>[A-Z]</td><td>[A-Z]</td><td>[A-Z]</td><td>[A-Z]</td><td>[A-Z]</td><td>[A-Z]</td><td>20</td></tr>
<tr><td>[3-7]</td><td>[3-7]</td><td>[3-7]</td><td>[3-7]</td><td>[3-7]</td><td>[3-7]</td><td>[3-7]</td><td>[3-7]</td><td>[3-7]</td><td>[3-7]</td><td>21</td></tr>
<tr><td colspan="11">Échappement</td></tr>
<tr><td>\</td><td>\</td><td>\</td><td>\</td><td>\</td><td>\</td><td>\</td><td>\</td><td>\</td><td>\</td><td>22</td></tr>
<tr><td colspan="11">Alternances</td></tr>
<tr><td>A|B</td><td>A|B</td><td>A|B</td><td>A|B</td><td>A|B</td><td>A|B</td><td>A|B</td><td>A\|B</td><td>A|B</td><td>A|B</td><td>24</td></tr>
<tr><td>(A|B)</td><td>(A|B)</td><td>(A|B)</td><td>(A|B)</td><td>(A|B)</td><td>(A|B)</td><td>(A|B)</td><td>\(A\|B\)</td><td>(A|B)</td><td>(A|B)</td><td>25</td></tr>
<tr><td colspan="11">Quantificateurs</td></tr>
<tr><td>+</td><td>+</td><td>+</td><td>+</td><td>+</td><td>+</td><td>+</td><td>+</td><td>+</td><td>+</td><td>27</td></tr>
<tr><td>?</td><td>?</td><td>?</td><td>?</td><td>?</td><td>?</td><td>?</td><td>?</td><td>?</td><td>?</td><td>30</td></tr>
<tr><td>*</td><td>*</td><td>*</td><td>*</td><td>*</td><td>*</td><td>*</td><td>*</td><td>*</td><td>*</td><td>31</td></tr>
<tr><td>(AB)+</td><td>(AB)+</td><td>(AB)+</td><td>(AB)+</td><td>(AB)+</td><td>(AB)+</td><td>(AB)+</td><td>\(AB\)+</td><td>(AB)+</td><td>(AB)+</td><td>27</td></tr>
<tr><td colspan="11">Début et fin</td></tr>
<tr><td>^</td><td>^</td><td>^</td><td>^</td><td>^</td><td>^</td><td>^</td><td>^</td><td>^</td><td>^</td><td>32</td></tr>
<tr><td>$</td><td>$</td><td>$</td><td>$</td><td>$</td><td>$</td><td>$</td><td>$</td><td>$</td><td>$</td><td>32</td></tr>
</table>

Les classes de caractères										
[cgz]	[cgz]	[cgz]	[cgz]	[cgz]	[cgz]	[cgz]	[cgz]	[cgz]	[cgz]	37
[0-9a]	[0-9a]	[0-9a]	[0-9a]	[0-9a]	[0-9a]	[0-9a]	[0-9a]	[0-9a]	[0-9a]	40
[^e]	[^e]	[^e]	[^e]	[^e]	[^e]	[^e]	[^e]	[^e]	[^e]	41
Les raccourcis										
\d	\d	\d	\d	\d	\d	\d	✖	✖	✖	43
\s	\s	\s	\s	\s	\s	\s	✖	✖	✖	43
\w	\w	\w	\w	\w	\w	\w	\w	\w	\w	43
\b	\b	\b	\b	\b	\b	\b	\b	\b	\b	59
Leurs complémentaires										
\D	\D	\D	\D	\D	\D	\D	✖	✖	✖	44
\S	\S	\S	\S	\S	\S	\S	✖	✖	✖	44
\W	\W	\W	\W	\W	\W	\W	\W	\W	\W	44
\B	\B	\B	\B	\B	\B	\B	\B	\B	\B	59
Les quantificateurs précis										
{2,7}	{2,7}	{2,7}	{2,7}	{2,7}	{2,7}	{2,7}	\{2,7\}	{2,7}	{2,7}	46
{2,}	{2,}	{2,}	{2,}	{2,}	{2,}	{2,}	\{2,\}	{2,}	{2,}	47
{2}	{2}	{2}	{2}	{2}	{2}	{2}	\{2\}	{2}	{2}	47
+?	+?	+?	+?	+?	+?	✖	+?	✖	✖	49
Utilisation du groupe 1										
$1	$1	$1	$1	$1	\1	\1	\1	\1	\1	52
\1	\1	\1	\1	\1	\1	\1	\1	\1	\1	55

Annexe A

Solutions des exercices

A.1 Exercices du chapitre 2

Solution 1 *(énoncé p. 18).* Quand on cherche des correspondances de `/aba/` dans `"abababa"`, on trouve la première correspondance, soit `"abababa"`. Ensuite, il faut chercher les suivantes à partir de la fin de la première ; on ne trouve que `"abababa"`. En résumé, les correspondances sont :

`"abababa"`

Solution 2 *(énoncé p. 20).* Le mot que l'on recherche est constitué d'un `"b"` suivi d'un caractère inconnu, d'un `"l"`, de deux autres caractères inconnus et finalement de `"re"`. On peut donc le représenter au moyen de l'expression

`/b.l..re/`

Solution 3 *(énoncé p. 21).* On cherche des mots qui commencent par deux minuscules, soit « `[a-z][a-z]` », puis `"re"`, puis une minuscule, « `[a-z]` ». En combinant cela, on obtient

`/[a-z][a-z]re[a-z]/`

Notons que cette expression ne nous assure pas que les correspondances sont des mots entiers. Nous verrons plus loin plusieurs manières d'y remédier.

Solution 4 *(énoncé p. 21).* Nous savons maintenant exprimer spécifiquement un chiffre, au moyen de « `[0-9]` ». En remplaçant chaque point dans `/..-..-..../` par cette construction, on obtient :

`/[0-9][0-9]-[0-9][0-9]-[0-9][0-9][0-9][0-9]/`

Cette expression élimine bien les correspondances contenant des lettres ou des espaces.

Solution 5 *(énoncé p. 22)*. `/[A-Fa-f0-9]/` correspond à :

- une lettre entre A et F, soit A, B, C, D, E, F *ou*
- une lettre entre a et f, soit a, b, c, d, e, f *ou*
- un chiffre entre 0 et 9.

Il s'agit d'un chiffre hexadécimal.

Solution 6 *(énoncé p. 23)*. Le numéro des jours est strictement inférieur à 40 ; on peut donc le représenter à l'aide de « `[0-3][0-9]` ». Celui des mois est strictement inférieur à 20 ; on peut donc le représenter par « `[0-1][0-9]` ». En utilisant des points (qu'il faut protéger) en lieu et place des tirets, on obtient :

```
/[0-3][0-9]\.[0-1][0-9]\.[0-9][0-9][0-9][0-9]/
```

On serait tenté d'écrire « `[0-3][0-1]` » pour le numéro du jour afin de matérialiser le fait qu'il est non seulement inférieur à 40 mais aussi à 32. Cependant, cette écriture élimine tous les nombres dont le chiffre des unités est plus grand que 1 (comme 22). Dans l'état actuel de nos connaissances, on ne peut pas écrire quelque chose de plus précis que « inférieur à 40 ». Nous reviendrons sur ce sujet au chapitre 4.

Solution 7 *(énoncé p. 24)*. Pour résoudre ce problème, il suffit de remarquer que les nombres que l'on cherche sont présents sous trois formes différentes :

- soit un chiffre, un point, un chiffre (`"1.2"`) ;
- soit un chiffre, un point (`"3."`) ;
- soit un point, un chiffre (`".4"`).

Le premier se représente au moyen de « `[0-9]\.[0-9]` », le deuxième à l'aide de « `[0-9]\.` » et « `\.[0-9]` » convient parfaitement pour le dernier. On les combine pour former

```
/[0-9]\.[0-9]|[0-9]\.|\.[0-9]/
```

Solution 8 *(énoncé p. 25).* Le verbe arriver prend les formes suivantes au présent de l'indicatif : arrive, arrives, arrivons, arrivez, arrivent. On voit clairement que l'on peut factoriser `"arriv"` ; il ne reste plus qu'un choix parmi `"e"`, `"es"`, `"ons"`, `"ez"` et `"ent"`. On peut donc l'exprimer au moyen de

```
/arriv(e|es|ons|ez|ent)/
```

Solution 9 *(énoncé p. 25).* L'expression `/créé(|e|es|s)/` correspond à `"créé"`, `"créée"` `"créées"` et `"créés"`, soit tous les accords du participe passé du verbe créer.

Solution 10 *(énoncé p. 26).* On peut utiliser la même technique que pour représenter les nombres de 1 à 3 chiffres ; on aboutit à

```
/[A-Z](|.(|.(|.)))/
```

Solution 11 *(énoncé p. 27).* On recherche des chaînes qui contiennent `"Linux"` puis `"Windows"`, séparés d'un nombre quelconque de caractères. Une première idée serait d'utiliser

```
/Linux.+Windows/
```

Cependant, cette dernière ne trouve pas les cas où `"Linux"` et `"Windows"` sont accolés. On peut y remédier au moyen d'une alternance :

```
/Linux(.+|)Windows/
```

Nous verrons bientôt d'autres manières de le faire.

Solution 12 *(énoncé p. 28).* Un mot composé est un ensemble de lettres séparées par un trait d'union. En supposant que ce sont des minuscules, on peut donc le représenter par

```
/[a-z]+-[a-z]+/
```

Solution 13 *(énoncé p. 29).* On cherche des chaînes de caractères qui commencent par `"qw("`, continuent avec des blocs constitués d'un mot en minuscules et d'un ou plusieurs espaces, et se terminent par un mot en minuscules suivi de `")"`.

On peut facilement représenter « un mot en minuscule suivi d'un ou plusieurs espaces » : « `[a-z]+␣+` ». On utilisera donc « `([a-z]+␣+)+` » pour représenter le milieu de la chaîne. Le début se représente au moyen de « `qw\(` » et la fin par « `[a-z]+\)` ». En assemblant ces éléments, on obtient

`/qw\(([a-z]+␣+)+[a-z]+\)/`

Solution 14 *(énoncé p. 29).* Si l'on utilise cette expression pour effectuer une recherche dans une chaîne qui contient plusieurs parenthèses comme `"(a)b(c)"`, il ne se passe pas ce que l'on attend. Au lieu de s'arrêter juste avant la première parenthèse fermante, le groupe « `.+` » continue le plus loin possible, soit jusqu'à la dernière : `"(a)b(c)"`.

Solution 15 *(énoncé p. 30).* On commence par s'occuper du quantificateur le plus à gauche ; il aimerait bien accaparer toute la chaîne, mais ce n'est pas possible car l'élément qui le suit, « `[0-9]+` », ne pourrait plus trouver de correspondance. Puisque ce dernier peut se contenter d'un seul chiffre, le premier groupe « `.+` » s'étend donc sur

`"Je viendrai à 15 heures"`

Le suivant s'étend sur un seul chiffre : `"Je viendrai à 15 heures"` et le dernier prend le plus possible dans ce qui reste, soit `"Je viendrai à 15␣heures"`.

Solution 16 *(énoncé p. 31).* On veut trouver `"mail"`, éventuellement précédé d'un groupe constitué de `"e"` ou `"e-"`, et éventuellement suivi par un `"s"`. On pourrait représenter `"e"` ou `"e-"` par « `(e|e-)` » ; il est cependant plus compact d'utiliser « `e-?` ». En accolant un point d'interrogation à chaque élément optionnel, on obtient

`/(e-?)?mails?/`

Solution 17 *(énoncé p. 31).* La première solution à laquelle on pense, c'est d'utiliser l'expression

```
/[0-9A-Fa-f]+h/
```

qui correspond effectivement à tous les nombres hexadécimaux de l'assembleur. Cependant, elle correspond aussi à `"DDh"`, non considéré comme un nombre par l'assembleur.

Pour y remédier, il faut expliciter le premier caractère du nombre, qui est nécessairement un chiffre. Il suffit pour cela d'ajouter « `[0-9]` » au début et de passer au quantificateur « `*` » pour inclure les correspondances comprenant un seul chiffre. On obtient donc

```
/[0-9][0-9A-Fa-f]*h/
```

Notons pour finir que cette expression ne nous garantit pas que le nombre trouvé n'est pas en réalité une partie d'un mot plus grand, comme `"G0CEhA"`.

Solution 18 *(énoncé p. 32).* On souhaite s'assurer que le premier caractère d'une chaîne autre qu'un espace est un chiffre, ce qui veut dire que la chaîne est de la forme « début de la chaîne, zéro espace ou plus , un chiffre ». Ceci se traduit par :

```
/^␣*[0-9]/
```

Cette expression ne tient compte que des espaces usuels (␣) ; nous verrons page 43 une manière de la rendre plus générale.

Solution 19 *(énoncé p. 33).* Une chaîne ne contient que des espaces si elle est de la forme « début de la chaîne, au moins un espace, fin de la chaîne », ce qui s'écrit

```
/^␣+$/
```

En réalité, il est beaucoup plus facile de prendre le point de vue opposé et de vérifier si la chaîne contient autre chose que des espaces. Nous verrons comment d'écrire cela page 41.

A.2 Exercices du chapitre 3

Solution 20 *(énoncé p. 35).* `"65535"` a été changé en `"65536"`. La première idée, et la plus simple, est que l'on a effectué la transformation `s/65535/65536/`.

On peut affiner en cherchant la transformation minimale qui donne le même résultat. On voit que si on change le premier `"35"` rencontré en `"36"`, on obtient bien ce que l'on veut ; ceci s'écrit `s/35/36/`.

Pour finir, on peut remarquer que, en fait, on a changé le dernier `"5"` en un `"6"`. Ceci s'exprime à l'aide de « `$` » :

```
s/5$/6/
```

Solution 21 *(énoncé p. 36).* On sait écrire une expression régulière qui correspond aux nombres d'une chaîne : `/[0-9]+/` fait parfaitement l'affaire. Pour les remplacer par la chaîne `"Nombre"`, on peut donc utiliser la construction suivante :

```
s/[0-9]+/Nombre/g
```

Solution 22 *(énoncé p. 37).* L'expression régulière `/[A-Z]/` correspond à une majuscule ; le remplacement suivant permet donc de les supprimer toutes :

```
s/[A-Z]//g
```

Solution 23 *(énoncé p. 38).* `/[êéèë]/` correspond à une lettre au choix parmi `"é"`, `"ê"`, `"è"` ou `"ë"`, soit la lettre `"e"` avec n'importe quel accent. La construction `s/[êéèë]/e/g` permet donc d'enlever tous les accents sur les `"e"` ; on peut l'utiliser, combinée à d'autres constructions du même type, pour transformer du texte en français en son équivalent ASCII.

Solution 24 *(énoncé p. 38).* Un nombre impair se finit par 1, 3, 5, 7 ou 9, on peut donc le représenter à l'aide de

```
/[0-9]*[13579]/
```

Pour que la chaîne entière corresponde, on doit utiliser

```
/^[0-9]*[13579]$/
```

Solution 25 *(énoncé p. 40)*. On peut exprimer les séparateurs au moyen de l'élément « `[\/.-]` » ; il est important que le `"-"` soit placé en dernier (ou en premier). Pour simplifier, on va utiliser le quantificateur « `+` » ; on peut donc représenter chacun des nombres au moyen de « `[0-9]+` ». En combinant ces éléments, on obtient

```
/[0-9]+[\/.-][0-9]+[\/.-][0-9]+/
```

Solution 26 *(énoncé p. 40)*. Pour remédier à ce problème, il faut « sortir » explicitement la première lettre. Celle-ci peut se représenter au moyen de l'élément « `[A-Za-z_]` ». En changeant le quantificateur en « `*` » pour inclure le cas des identificateurs à une lettre, on obtient

```
/[A-Za-z_][0-9A-Za-z_]*/
```

Solution 27 *(énoncé p. 42)*. Pour s'assurer qu'une chaîne ne contient que des chiffres, il suffit de vérifier qu'elle ne contient pas autre chose, ce que l'on peut faire à l'aide de

```
/[^0-9]/
```

Si cette dernière ne trouve pas de correspondance, alors la chaîne est vide ou ne contient que des chiffres.

Solution 28 *(énoncé p. 42)*. Pour qu'une correspondance ne contienne pas de parenthèses imbriquées, il faut s'assurer qu'il n'y a pas de parenthèse ouvrante entre celle qui ouvre et celle qui ferme. On peut donc utiliser l'expression suivante :

```
/\([^()]\)/
```

Solution 29 *(énoncé p. 43)*. Une balise HTML est un morceau de texte qui commence par `"<"` et s'arrête au premier `">"` rencontré[1]. On peut donc les représenter par

```
/<[^>]*>/
```

1. Ce n'est pas tout à fait exact : on peut imaginer un lien du type `"<a href=">">"`. Cependant, de tels cas sont rarissimes en pratique.

Solution 30 *(énoncé p. 44).* On utilise « `\d` » et le quantificateur « `+` » pour proposer une première forme :

```
/\d+\.\d+/
```

Cependant, si l'on veut gagner en généralité et inclure aussi les nombres de la forme `"1."`, `"123"` et `".234"`, on doit affiner un peu. Les nombres se présentent sous deux formes :

- des chiffres suivis éventuellement d'un point et d'autres chiffres, ce que l'on peut écrire `/\d+\.?\d*/` ;
- un point suivi de chiffres, soit `/\.\d+/`.

L'ensemble se combine en :

`/\d+\.?\d*|\.\d+/`[2]

Solution 31 *(énoncé p. 45).* On sait facilement faire en sorte qu'une correspondance soit un nombre qui commence par un `"1"` et finisse par un `"3"`, il suffit pour cela d'utiliser `/1\d*3/`. Cependant, les correspondances de cette expression peuvent être des morceaux de nombres, comme dans `"21435"`. Pour éviter cela, il faut ajouter « `\D` » de part et d'autre de l'expression ci-dessus, ce qui donne

```
/\D1\d*3\D/
```

Puisque « `\D` » correspond à un caractère, cette expression ne trouve pas les nombres qui sont positionnés en début ou en fin de chaîne. Pour y remédier, il faut utiliser des alternances : ce qui est à gauche du nombre est soit un caractère qui n'est pas un chiffre (« `\D` »), soit le début de la chaîne (« `^` ») ; de même pour la droite. On aboutit donc à

```
/(\D|^)1\d*3($|\D)/
```

Solution 32 *(énoncé p. 45).* Cette définition du membre de gauche d'une adresse électronique se traduit directement en

```
/[^@\s]+/
```

2. On n'a pas besoin de grouper les alternances entre parenthèses, car elles s'étendent sur l'expression en entier.

Solution 33 *(énoncé p. 47).* On peut écrire de deux manières le fait qu'il y a un ou deux chiffres. En utilisant « ? », il suffit de remarquer qu'il s'agit de deux chiffres, dont l'un est optionnel :

```
/\d\d?h\d\d?/
```

Avec la nouvelle construction, on peut directement l'écrire

```
/\d{1,2}h\d{1,2}/
```

qui présente l'avantage de pouvoir se généraliser facilement.

Solution 34 *(énoncé p. 47).* L'expression /\d{4,}/ est ambiguë car elle correspond aussi aux nombres comme "0004", qui est clairement inférieur à 1 000. Pour éviter ces correspondances, il faut s'assurer que le premier chiffre n'est pas "0" :

```
/[1-9]\d{3,}/
```

Notons qu'il est beaucoup plus pratique d'effectuer des tests sur les nombres une fois qu'on les a extraits des chaînes, plutôt que d'essayer d'exprimer les conditions directement sous forme d'expressions régulières.

Solution 35 *(énoncé p. 47).* Une adresse IP est constituée de trois groupes « un nombre à au plus 3 chiffres, un point » suivis par un nombre d'au plus trois chiffres. Le tout s'exprime :

```
/(\d{1,3}\.){3}\d{1,3}/
```

Solution 36 *(énoncé p. 48).* La seule différence avec le remplacement s/<li>//gi est qu'il faut inclure l'éventualité d'un "/" dans la balise. On l'écrit

```
s/<\/?tt>//gi
```

Solution 37 *(énoncé p. 50).* Il suffit d'utiliser « . » muni d'un quantificateur non avide, le tout suivi de "prochaine" :

```
/.*?prochaine/
```

Solution 38 *(énoncé p. 50).* Une chaîne vide est une chaîne qui ne comporte aucun caractère entre ses deux guillemets. Pour les inclure aussi, deux possibilités équivalentes s'offrent à nous ; on peut soit utiliser une alternance dont l'une des parties serait vide, soit utiliser « `?` » pour rendre l'intérieur de la chaîne optionnel :

```
/"(.*?[^\\])?"/
```

Solution 39 *(énoncé p. 51).* Le cas des chaînes en Pascal est similaire à celui des chaînes en C, si ce n'est que les caractères prohibés devant l'apostrophe fermante sont `"'"` et `"\"`. On peut l'écrire

```
/'(.*?[^\\'])?'/
```

Solution 40 *(énoncé p. 52).* Voici la bonne numérotation :

```
/e(nc(o)re(pl)(us))(d(e(gr)(ou(pe))s))/
  1  2 2  3  34  415 6 7  78  9  98 65
```

Solution 41 *(énoncé p. 53).* Quels sont les textes qu'il faut capturer pour permuter le premier chiffre et le dernier chiffre d'un nombre ? À l'évidence, il faut au moins capturer le premier et le dernier. Cependant, si l'on ne capture que ces deux-là, on ne saura pas quoi mettre entre eux. Il faut donc aussi capturer les nombres intermédiaires ; on utilisera donc `/(\d)(\d*)(\d)/`[3]. Le texte de remplacement devra comporter en premier le groupe 3 (le dernier chiffre), puis le groupe 2 (les chiffres du milieu), et enfin le premier groupe (le premier chiffre) :

```
s/(\d)(\d*)(\d)/$3$2$1/g
```

Solution 42 *(énoncé p. 53).* On a besoin de capturer trois groupes : l'heure, les minutes et la date, qui n'est pas modifiée.

3. Il faut utiliser le quantificateur « `*` » pour cibler aussi les nombres à deux chiffres.

En utilisant le quantificateur « + » pour alléger l'écriture, on obtient

```
s/(\d+)h(\d+),\s+le\s+(\d+\/\d+\/\d+)/$3␣$1:$2/g
```

Solution 43 *(énoncé p. 54)*. Puisque cette expression régulière ne comporte pas de parties inconnues, mais seulement du texte et des parenthèses, on sait exactement quelle correspondance elle trouve, si elle en trouve : `"encoreplusdegroupes"`. Pour connaître le contenu des variables, il est important de savoir où les groupes commencent et finissent ; en utilisant les résultat de l'exercice 40, on obtient

```
$2 = "o"
$5 = "degroupes"
$8 = "oupe"
```

Solution 44 *(énoncé p. 56)*. La première idée serait d'utiliser

```
/<(\w+)[^>]*>.*?<\/\1>/
```

Cependant, cette expression ne nous assure pas que le groupe « `(\w+)` » accapare le nom de la balise en entier. En effet, la chaîne `"<balise> </b>"` lui correspond. Pour éviter ces correspondances, il faut expliciter le caractère qui suit l'élément « `(\w+)` » au moyen de « `\W` ». Pour finir, afin que les balises simples du type `"<balise>"` soient tout de même reconnues, il faut rendre la partie entre « `(\w+)` » et « `>` » optionnelle :

```
/<(\w+)(\W[^>]*)?>.*?<\/\1>/
```

Annexe B

Que faire quand ça ne marche pas ?

Construire une expression régulière n'est pas toujours une tâche facile, d'autant qu'il n'est pas aisé d'obtenir un diagnostic. Pour vous aider, nous avons rassemblé quelques pistes à essayer quand quelque chose ne fonctionne pas.

Dans un premier temps, écrivez un petit programme de test à la manière de ceux du chapitre 5 avec l'expression régulière fautive et un exemple de chaîne sur laquelle vous souhaitez l'utiliser.

Si cela ne permet pas de cerner le problème, reconstruisez l'expression régulière morceau par morceau, en vérifiant à chaque étape les correspondances de chaque élément à l'aide de groupes capturés.

B.1 Règles générales

- Changez les « ␣ » en « `\s` » si votre implémentation le supporte ; sinon, essayez « `[␣\t\n]` » tel quel (sans doubler les antislashs).
- Essayez des quantificateurs non avides, surtout si vous utilisez « `.*` » ou « `.+` ».
- Si vous utilisez « `[a-z]` » dans des correspondances avec du texte accentué, préférez « `\w` » (voir page 71).
- Attention, « `\w` » inclut aussi les chiffres : `"78"` correspond à « `\w+` ». S'il vous faut vraiment des lettres, utilisez `/[^\W\d_]/` ou bien des constructions de type POSIX ou Unicode si c'est possible (voir page 71).
- Vérifiez la numérotation de vos groupes capturés.

– Si vous attendez que la chaîne entière corresponde à votre expression, avez-vous bien utilisé « `^` » et « `$` » ?
– Vérifiez qu'il n'y a pas de caractères invisibles, comme des espaces ou des caractères de contrôle dans la chaîne initiale : affichez la chaîne en l'entourant de guillemets par exemple, affichez aussi sa longueur et comparez la longueur visible à celle affichée.
– Dans les textes de remplacement, utilisez-vous la bonne syntaxe pour les groupes capturés (voir page 108) ?
– Avez-vous pensé à utiliser des parenthèses si vous souhaitez quantifier plusieurs caractères en même temps (`/(la)+/` ou `/la+/`, voir page 28) ?
– Avez-vous bien échappé tous les caractères spéciaux que vous voulez utiliser en tant que simples caractères ?
– Y a-t'il des retours à la ligne dans les chaînes ? Si oui, utilisez-vous bien les modificateurs appropriés (voir pages 70 et 74) ?
– Avez-vous bien entouré de parenthèses les alternances qui ne doivent pas s'étendre à l'expression entière ?

B.2 Règles dépendant d'un langage

– Avez-vous bien doublé les antislashs en C, C++, C#, Java et Emacs ? Utilisez-vous bien des chaînes entre apostrophes en PHP et avec Grep et Sed ? Utilisez-vous bien `r"..."` dans Python ?
– Vérifiez que vous utilisez bien `egrep` et `sed -r`.
– Dans Emacs, avez-vous pensé à utiliser des doubles antislash devant `(`, `)`, `{`, `}` et `|` si vous souhaitez les utiliser en tant que caractères spéciaux (voir le tableau page 108) ?

B.3 Et sinon ?

Si cela ne marche toujours pas... faites une pause !

Index